गणित का पहला कदम

कृष्ण मोहन

वाणी
प्रकाशन
प्रकाशन के उत्कृष्टतम 63 वर्ष

सजिल्द पहला संस्करण : 2003
सजिल्द दूसरा संस्करण : 2026

vaniprakashan.com

वाणी प्रकाशन
4695, 21-ए, दरियागंज, नयी दिल्ली-110 002
फ़ोन : + 91 11 23273167, 23275710
शाखाएँ
अशोक राजपथ, पटना-800 004, बिहार
कॉफ़ी हाउस कैम्पस, महात्मा गांधी मार्ग, प्रयागराज-211 001, उत्तर प्रदेश
महात्मा गांधी अन्तरराष्ट्रीय हिन्दी विश्वविद्यालय, वर्धा-442 001, महाराष्ट्र
sales@vaniprakashan.in
vaniprakashan@gmail.com

GANIT KA PEHLA KADAM
by Kishan Mohan
ISBN : 978-81-8846-800-3
Math

मूल्य : ₹ 100

जी.एस. ऑफ़सेट, दिल्ली-110 095 में मुद्रित
वाणी प्रकाशन का लोगो मक़बूल फ़िदा हुसैन की कूची से

प्राक्कथन

दिन पर दिन गणित के क्षेत्र का विस्तार होता जा रहा है। एक समय था जब गणित को अंकगणित का समानार्थी माना जाता था। उस समय तक हमारे पूर्वजों को गणित के नाम पर गिनती और पहाड़े ही आते थे। संसार के प्रायः सभी देशों में गणित का आरंभ अंकों और गिनती से ही हुआ। यही गिनती कुछ समय पश्चात् अंकगणित में परिणत हो गई। दीर्घ काल बीतने पर गणित के वृक्ष में से कई अन्य शाखाएँ फूट निकलीं–बीजगणित, रेखागणित, त्रिकोणमिति आदि।

ज्योतिष का आरंभ इस प्रकार नहीं हुआ। इस विद्या की आदि काल से ही एक प्रायः स्वतंत्र सत्ता रही है। सबसे पहले पहल हमारे पूर्वजों ने तारों का अवलोकन करना आरंभ किया होगा। तत्पश्चात् उनके विषय में अटकलें लगाई होंगी। इस प्रकार जब से संसार में मनुष्य मात्र का आविर्भाव हुआ, तभी से ज्योतिष्क कार्यों (Bodies) का अवलोकन आरंभ हो गया था। इतना निश्चय है कि गणित-ज्योतिष का विज्ञान के रूप में विकास तभी हो पाया होगा जब मनुष्य जाति परिकलन (Calculation) में काफी आगे बढ़ चुकी होगी। भारतवर्ष की तो यह परंपरा है कि ज्योतिष गणित का अंग नहीं रहा, इसके विपरीत गणित ज्योतिष का अंग रहा है। या यों कहिए कि ज्योतिष्क परिकलनों में गणित एक परिचारक का कार्य करता था।

एक समय था जब बहुत से मनुष्य संसार के समस्त उपार्जित ज्ञान को कण्ठस्थ कर लिया करते थे। एक समय आजकल का है कि किसी भी व्यक्ति के लिए विद्या की किसी एक शाखा का भी संपूर्ण ज्ञान प्राप्त कर लेना नितांत असंभव है। प्रत्येक विषय में से दिन पर दिन नई-नई शाखाएँ फूटती जाती हैं और भिन्न-भिन्न शाखाएँ एक-दूसरे से दूर हटती जाती हैं। एक विद्वान् ने आधुनिक गवेषणा की परिभाषा इस प्रकार दी है–"किसी विषय का गवेषणा कार्य आज वह ज्ञान है जो उक्त विषय के विशेषज्ञों को छोड़ कर और किसी की भी समझ में न आए।"

इस पुस्तक में केवल उन्हीं तथ्यों का समावेश किया है जिनकी सत्यता हमारे विचार में प्रायः असंदिग्ध रूप में प्रमाणित हो चुकी है। लगभग पंद्रह वर्ष हुए काशी हिंदू विश्वविद्यालय में गोवर्धन पीठ के अधीश स्वामी शंकराचार्य जी पधारे थे। वह गणित के विद्वान् थे। उन्होंने गणितीय विषयों पर कई व्याख्यान दिए थे। इन पंक्तियों के लेखक को व्यक्तिगत रूप से भी कई बार उनके चरणों में बैठने का सुअवसर मिला था। उन्होंने अपने व्याख्यानों और व्यक्तिगत वार्ता में कई

गणितीय सूत्र दिए थे जो इस प्रकार हैं–

(1) निखिलं नवतः चरमं दशतः; (2) शून्य साम्य समुच्चये; (3) चलित कलित वर्गौ विवेचकः।

प्रथम दो पंक्तियों से तो उन्होंने अंकगणित और बीजगणित के कई नियम निकाल कर दिखाए थे। तीसरी पंक्ति का आधुनिक भाषा में यह अर्थ होगा–

$$(\text{Differential Coefficient})^2 = \text{Discriminant}$$

अर्थात (अवकल गुणांक)^2 = विवेचक।

अब तनिक इस बीजगणितीय वर्ग समीकरण पर विचार कीजिए–

$$\text{कय}^2 + \text{खय} + \text{ग} = 0$$

उपरिलिखित सूत्र का बीजगणितीय रूपान्तर यह होगा–

$$(2\ \text{कय} + \text{ख})^2 = \text{ख}^2 - 4\ \text{क}\ \text{ग},$$

$$\text{अर्थात् य} = \frac{1}{2\text{क}}\left[-\text{ख} \pm \sqrt{\text{ख}^2 - 4\text{कग}}\right]$$

यही वर्ग समीकरण के हल का आधुनिक रूप है। इस प्रसर (Process) से स्पष्ट है कि उपरिलिखित सूत्र में वर्ग समीकरण का हल, अवकलन गणित (Differential) की विधि से निकालने का संकेत किया गया है। स्वामीजी ने इन सूत्रों का यह अभिदेश दिया था : अथर्व वेद–परिशिष्ट 1। मुझे अथर्ववेद के जितने भी संस्करण काशी के पुस्तकालयों में मिल सके, मैंने सब छान मारे। मुझे उपरिलिखित सूत्र कहीं नहीं मिले। मैंने शंकराचार्य जी को इस विषय में तीन पत्र लिखे। मुझे कोई उत्तर नहीं मिला। तत्पश्चात् मैं वेदों के उद्भट विद्वानों से मिला जैसे पं. गिरिधर शर्मा चतुर्वेदी और पंचगंगा घाट, काशी, के पं. रामचन्द्र भट्ट। उन्होंने बताया कि उपरिलिखित सूत्रों की भाषा ही वैदिक संस्कृत से मेल नहीं खाती। अतः यह वैदिक सूत्र हो ही नहीं सकते। इसके अतिरिक्त वेदों में कहीं गणितीय विषयों का उल्लेख है ही नहीं। इसी दौड़ धूप में मेरे हाथ निम्नलिखित पुस्तक लगी।

पाठको गणित के सभी अंगों का परिचय सांगोयांग कर सकें पुस्तकें बोझिल भी न हों, इस को दायरे में रखते हुए अंकगणित, बीजगणित, ज्यामिति प्रिज्ममिति कलन और फलन सिद्धांत, और सबसे महत्वपूर्ण हिन्दी में पहली बार गणित चित्रावली को प्रकाशित किया गया है उम्मीद है पाठक पसंद करेंगे।

मैंने यह ग्रंथ अपने मित्र डॉ. वासुदेव शरण अग्रवाल को दिखाया। उन्होंने उसे देखकर कहा कि उक्त पुस्तक में भी कहीं किसी गणितीय विषय का उल्लेख नहीं है।

–ब्रज मोहन

प्रारम्भिक बातें

प्रत्येक इतिहासज्ञ को बहुत-से विदेशियों के नाम अपनी लिपि में लिखने पड़ते हैं। आज जब हमने गणित के इतिहास पर अपनी लेखनी उठायी है तो स्वभावत: इसके अन्तर्गत बहुत-से अंग्रेज़, फ्रांसीसी और जर्मन गणितज्ञों के नामों का उल्लेख करना होगा। इस संबन्ध में तुरन्त यह प्रश्न उठ खड़ा होता है कि विदेशियों के नाम लिखने में कौन-सी पद्धति अपनायी जाय। हमारा विचार है कि यदि किसी विदेशी का नाम हमारे देश में प्रचलित हो गया है तो लेखकों को उसे उसी रूप में लिखने की छूट देनी चाहिए जिस रूप में वह प्रचलित हो चुका है, चाहे वह रूप ठीक हो चाहे ग़लत। फ्रेंच गणितज्ञ De Moivre का वास्तविक उच्चारण द: म्वाव्रे है, परन्तु अंग्रेज़ी में अधिकतर लोग इसे 'डी मॉयवर' पढ़ते हैं। पिछले डेढ़ सौ वर्षों में हमारा घनिष्ठ संबन्ध अंग्रेज़ी से ही रहा है, अत: भारतवर्ष में भी यह नाम 'डी मॉयवर' रूप में ही प्रचलित हुआ है। हमारा विचार है कि अब हम लोगों को यह नाम नये और पुराने दोनों रूपों में लिखते रहना चाहिए।

फ्रेंच गणितज्ञ Dirichlet के नाम का फ़्रांसीसी उच्चारण होगा 'डिरिश्ले'। किन्तु अंग्रेज़ी लेखकों ने इस नाम का विकृत रूप डिरिचले स्वीकार कर लिया है। इस देश के गणितज्ञों ने भी इस विकृत रूप को ही अपनाया है। यह रूप इतना प्रचलित हो गया है कि अब देश के बहुत थोड़े गणितज्ञ यह बात जानते होंगे कि उक्त फ्रेंच गणितज्ञ का वास्तविक नाम यह नहीं है। अत: अब हमें ऐसा कोई कारण दिखाई नहीं देता कि हम इस नाम को बदलें। इसी प्रकार के दो-चार नाम हम यहाँ और देते हैं—

Des Cartes	डे कार्टीज़
Schwarz	श्वार्ज़
Vander Pol	वैंदर पोल
Levi Civita	लैवी सिविता
Leibnitz	लिब्नीज़

यहाँ एक कठिनाई और उपस्थित होती है। हमें इस बात का भी ध्यान रखना होगा कि कोई गणितज्ञ अपने नाम को स्वयं किस प्रकार लिखा करता था। एक उदाहरण लीजिए जॅक्स बर्नोली (Jacques Bernoulli) का। यह गणितज्ञ स्विट्ज़रलैंड के बेसिल नगर में रहता था जहाँ जर्मन भाषा बोली जाती थी और उसका नाम जॅक्स ही लिखा जाता था। इसकी वंशावली बैंल्जियम की थी, किन्तु यह अधिकतर फ़्रेंच अथवा लॅटिन में लिखा करता था। फ़्रेंच में तो इसका नाम जॅक्स ही रहा, किन्तु लॅटिन में बदलकर जॅकोबिस (Jacobes) हो गया। जर्मन लेखकों ने इसके नाम को बिगाड़कर जेकब (Jacob) कर दिया और अंग्रेज़ों ने इसे सीधा-सादा जेम्स (James) बना दिया। अब प्रश्न यह है कि हम इस नाम के कौन-से रूप को स्वीकार करें। हम जॅक्स रूप ही अपनाना पसन्द करेंगे क्योंकि उक्त गणितज्ञ अधिकतर अपने नाम को इसी प्रकार लिखा करता था। किन्तु पाठकों की सुविधा के लिए हम यदा-कदा समस्त प्रचलित रूपों का प्रयोग करेंगे।

यहाँ एक सिद्धान्त और भी दृष्टिगोचर होता है। हमें इस बात पर भी विचार करना होगा कि किसी गणितज्ञ के नाम का कौन-सा रूप अपनाने से गणित के विद्यार्थियों को सुविधा होती है। एक उदाहरण लीजिए लियोनार्डो फ़िबोनाकी (Leonardo Fibonacci) का। इसको लियोनार्डो बोनाकी भी कहते हैं, फ़िबोनाकी भी और बोनेसियस भी। अब प्रश्न यह है कि इन तीनों रूपों में से कौन-सा रूप अपनाया जाय। यों तो हम इस बात पर विचार करते हैं कि लेखक स्वयं अपना नाम किस प्रकार लिखा करता था, किन्तु इस संबन्ध में एक महत्त्वपूर्ण बात यह उल्लेखनीय है कि गणित में एक श्रेणी (Series) बहुप्रचलित है जिसका नाम **फ़िबोनाकी श्रेणी** (Fibonacci Series) पड़ गया है। यह तथ्य अन्य सभी सिद्धान्तों को दबा देता है। अतः हम उक्त गणितज्ञ का नाम लियोनार्डो फ़िबोनाकी ही लिखेंगे।

ये तो रहे सामान्य सिद्धान्त। इनके होते हुए भी कहीं-कहीं पर बड़ी कठिनाई आ पड़ती है। कुछ गणितज्ञों के विषय में तो यह पता ही नहीं चलता कि वे स्वयं अपना नाम किस प्रकार लिखा करते थे। कुछ गणितज्ञों के नाम भिन्न-भिन्न देशों में विकृत होते हुए भिन्न-भिन्न रूपों में पहुँचे और अन्त में इंग्लैण्ड में जाकर उनका रूप मूल रूप से बहुत दूर पहुँच गया। हमारी सूचना का उद्गम अधिकतर अंग्रेज़ी पुस्तकें हैं। अतः हमें उन नामों का अंग्रेज़ी रूप ही प्राप्त हुआ है। अब उनके मौलिक रूप का पता चलाना भी दुष्कर है। अतएव हम ऐसे नामों का अंग्रेज़ी रूप ही स्वीकार करेंगे।

इसके अतिरिक्त विभिन्न देशों की नाम-पद्धतियाँ और रीति-रिवाज भी अलग-

अलग होते हैं। अरब देश में बड़े लम्बे-लम्बे नाम होते हैं। यहाँ तक कि किसी-किसी नाम के एक-एक दर्जन भाग होते हैं और कभी-कभी उन भागों में से कोई-सा भी प्रचलित हो जाता है। हिन्दुओं और जापानियों में एक आधिकारिक नाम होता है और एक पुकारने का नाम, और कभी-कभी पुकारने का नाम ही अधिक प्रचलित हो जाता है। इसके अतिरिक्त हमारे देश में पहले जातिनाम लिखने की पद्धति ही नहीं थी। यह प्रणाली तो अंग्रेज़ों के सम्पर्क से प्रचलित हुई है। आधुनिक काल में भारतवर्ष में एक बहुत बड़ा गणितज्ञ रामानुजन हुआ है। इसका जाति नाम आयंगर था। अतः यदि इसका नाम आधुनिक अंग्रेजी ढंग से लिखा जाय तो रामानुजन आयंगर होगा। किन्तु इसका रामानुजन नाम जगत्प्रसिद्ध हो चुका है और बहुत कम लोग जानते हैं कि इसका जातिनाम आयंगर था। सच पूछिए तो इस देश की परम्परा के अनुकूल भी इसका नाम रामानुजन ही कहलायेगा, क्योंकि हमारी प्राचीन प्रणाली केवल प्रथम नाम लिखने की ही थी। हमारे यहाँ के कुछ गणितज्ञों के प्रचलित नाम ये हैं—

भास्कर, आर्यभट्ट, ब्रह्मगुप्त, वराहमिहिर।

आज कौन जानता है कि इन लोगों के जातिनाम अथवा वंशनाम क्या थे ?

एक संबद्ध प्रश्न है नाम-संबन्धी शब्दों का। ऐसे शब्द दो प्रकार के होते हैं—एक तो वे जिनमें नाम के मौलिक रूप के साथ कोई अन्य शब्द जोड़ दिया जाता है, यथा—

Newton's Theorem, Raman Effect, Cauchy Test, Taylor Series.

मेरी समझ में समस्त वैज्ञानिक इस बात पर सहमत होंगे कि किसी भी आविष्कार के साथ उसके आविष्कारक का नाम अवश्य ही जुड़ा रहना चाहिए। Newton's Theorem को हम हिन्दी में **'न्यूटन का प्रमेय'** कहेंगे। Raman Effect को **'रमन प्रभाव'** ही कहना होगा। इसी प्रकार Taylor Series को हम **'टेलर श्रेणी'** के अतिरिक्त और क्या कह सकते हैं ? कुछ अतिवादी ऐसे शब्दों का भी ऐसा अनुवाद करना चाहते हैं, जिसमें आविष्कारक का नाम न आये। वरन् उसके किसी गुण पर नाम रख दिया जाय, जैसे Taylor Series का कर्म है किसी फलन (Function) का प्रसार करना। अतएव मान लीजिए कि हम Taylor Series को **'प्रसार श्रेणी'** कह दें। इसी प्रकार Cauchy Test को हम **'कॉशी परीक्षण'** न कहकर **'तुलना परीक्षण'** कह दें। कुछ लोग इस प्रकार के अनुवाद करना चाहते हैं।

हमें तो यह प्रवृत्ति अवैज्ञानिक, अन्यायोचित और घातक जान पड़ती है। यदि हम दूसरे देशों के वैज्ञानिकों के नामों का बहिष्कार करेंगे तो दूसरे देशों के **वैज्ञानिक**

भी हमारे देश के वैज्ञानिकों के नामों की उपेक्षा करेंगे। इसका परिणाम यह होगा कि एक दिन ऐसा आयेगा कि संसार समस्त वैज्ञानिकों के नामों को भूल चुकेगा और यह पता चलाना भी कठिन हो जायगा कि कौन-सा आविष्कार किस वैज्ञानिक ने किया था। ऐसी स्थिति न हमारे देश के लिए वांछनीय होगी, न अन्य देशों के लिए।

दूसरे प्रकार के नाम-सम्बन्धी शब्द वे हैं जिनमें वैज्ञानिकों के नामों के विकृत रूप को ही उनके आविष्कार का नाम बना दिया जाता है। जैसे Jacobi Determinant का एक स्वतन्त्र नाम Jacobian ही पड़ गया है। इसी प्रकार Wronski's Determinant का नाम Wronskian पड़ गया है। इन नामों के पर्याय यदि हम चाहें तो **'जॅकोबी का सारणिक'** और **'रॉन्स्की का सारणिक'** रख सकते हैं। परन्तु यहाँ एक बात विचारणीय है। जब हम Euler's Constant कहते हैं तो उसका अर्थ होता है 'एक ऐसा अचर जिसका अध्ययन या उपलंभन सबसे पहले ऑयलर ने किया था'। इसलिए इसे **'ऑयलर का अचर'** कहना ही उचित होगा। इसी प्रकार यदि हम Jacobian को **'जॅकोबी का सारणिक'** कहें तो विशेष हानि नहीं है। परन्तु Jacobian के विषय ने अपना एक स्वतंत्र अस्तित्व स्थापित कर लिया है जिसका सारणिक के साधारण नियमों से कोई विशेष संबन्ध नहीं रह गया है। Jacobian के प्रसंग का अब **वास्तविक विश्लेषण** (Real Analysis) में ऐसा ही स्थान है जैसा **रेखागणित** में वृत्त का या **बीजगणित** में **अनुपात और समानुपात** (Ratio and Proportion) का। इसलिए यदि Jacobian का **'सारणिक'** विषय से एक बिलकुल स्वतंत्र नाम रख दिया जाय तो अत्युत्तम होगा। अत: Jacobian को हिन्दी में भी **'जॅकोबियन'** ही क्यों न कहें ? यदि हम यह व्यापक नियम बना लें कि अंग्रेज़ी के जो शब्द व्यक्तियों के नामों के रूपान्तर मात्र हैं, उन्हें ज्यों-का-त्यों हिन्दी में अपना लिया जाय तो बहुत सुविधाजनक होगा। इसी प्रकार हिन्दी में भी Hessian को **'हॅसियन'** और 'Wronskian' को **'रॉन्स्कियन'** ही कहेंगे।

किन्तु इस बात पर अवश्य ही विचार करना होगा कि यदि ये शब्द क्रियाओं का काम भी करते हों तो हमको इनसे हिन्दी में क्रियापद भी बनाने होंगे। क्रियापद बनाने में हम संस्कृत व्याकरण के नियमों का पालन करेंगे, न कि अंग्रेज़ी व्याकरण के नियमों का। हम निम्नलिखित शब्दों—

Polonium, Helium, Europium

को हिन्दी में भी "पोलोनियम, हीलियम, यूरोपियम" ही कहेंगे। किन्तु किसी दिन हमें निम्नलिखित शब्दों के समानार्थी बनाने की आवश्यकता पड़ सकती है—

Poloniumate, Poloniumated, Poloniumator.

हम 'पोलोनियम' को तो हिन्दी में अपना सकते हैं, किन्तु उपरिलिखित तीनों शब्दों को कदापि हिन्दी में स्थान नहीं दे सकते। इनके लिए हमें इस प्रकार के पर्याय बनाने होंगे—

पोलोनियमन, पोलोनियमित, पोलोनियामक।

एक प्रश्न विदेशी नामों के उच्चारण का भी महत्त्वपूर्ण है। आजकल नागरी-लिपि में सुधार का प्रश्न छिड़ा हुआ है। इस प्रश्न के व्यापक अंगों से तो हमें इस समय कोई प्रयोजन नहीं है। यहाँ हमें उक्त प्रश्न के केवल उन्हीं अवयवों पर विचार करना है जिनका संबन्ध विदेशी नामों के उच्चारण से है। सबसे पहली बात तो यह दृष्टिगोचर होती है कि अंग्रेज़ी में कुछ स्वर ऐसे हैं जिनके लिए हिन्दी में अनुसारी स्वर नहीं है ; जैसे God और Hockey में o का उच्चारण और Hat और Man में a का उच्चारण। १९५४ में लखनऊ में एक नागरी-लिपि सुधार सम्मेलन हुआ था जिसने इन स्वरों के लिए ये नये चिह्न निर्धारित किये थे—

गॉड, हॉकी, हॉल, कॉल ।
मॅन, कॅट, हॅट, कॅप ।
हम इस पद्धति को स्वीकार करते हैं।

इसी प्रकार अंग्रेज़ी के शब्द 'Pen' के 'e' के उच्चारण के लिए हिन्दी में कोई स्वर नहीं है। हिन्दी भाषा-भाषी इन शब्दों के लिखने में 'ए' की मात्रा से ही काम लेते हैं। अतः ये लोग Pen को 'पेन', Get को 'गेट', Pest को 'पेस्ट' लिखते हैं। इस प्रकार अंग्रेज़ी के Get और Gate में, Pen और Pain में तथा Pest और Paste में कोई अन्तर नहीं रहता। इसलिए कुछ लोगों ने यह प्रस्तावित किया है कि अंग्रेज़ी के इस स्वर के लिए हिन्दी के 'ए' की उल्टी मात्रा निर्धारित की जाय। यदि यह प्रस्ताव मान लिया जाय तो हम उपरिलिखित शब्द इस प्रकार लिखेंगे—

Get	गॅट	Gate	गेट
Pen	पॅन	Pain	पेन
Pest	पॅस्ट	Paste	पेस्ट

हम इस प्रस्ताव को भी स्वीकार करते हैं। कुछ कट्टरपंथी यह कहते हैं कि "हम दूसरी भाषा के शब्दों के उच्चारण के लिए अपनी लिपि में नये स्वर क्यों बनाएँ। जितनी जीवित भाषाएँ संसार में हैं सबकी सब अन्य भाषाओं से शब्द ग्रहण करती हैं। किन्तु वे उन शब्दों को अपनी लिपि और वर्णमाला के अनुसार तोड़-मरोड़ लेती हैं और उन्हें अपने ही व्याकरण के नियमों में बाँधती हैं। उनके लिए कोई नया स्वर

या व्यंजन नहीं बनातीं। चाणक्य का नाम अंग्रेज़ी में इस प्रकार Chanakya लिखा जाता है, 'ण' के लिए कोई नया व्यंजन नहीं बनाया जाता। गंगा के नाम को बिगाड़कर Ganges बना दिया गया है। यदि नाम न भी बिगाड़ा होता तो भी वे लोग गंगा को Ganga लिखते। 'ङ' के लिए कोई नया अक्षर नहीं बनाते। हिन्दी के अनेक शब्द और नाम ऐसे हैं, जिन्हें अंग्रेज़ी में शुद्ध रूप में लिख ही नहीं सकते। ऐसे शब्दों का अंग्रेज़ी में निकटतम विकृत रूप ही लिखा जाता है और वही चालू हो जाता है, जैसे—

विज्ञान Vigyan अथवा Vijyan वा Vijnan.
दर्शन Darshan
इतिहास Itihas

"यदि आज हम अंग्रेज़ी नामों अथवा शब्दों को अपनी लिपि में लिखते समय नये-नये चिह्न और स्वर बनाने लगें तो कल को यदि हम कोई शब्द फ्रेंच, जर्मन या रूसी भाषा से लेंगे तो कदाचित् हमें और भी कई नये चिह्न बनाने पड़ेंगे। इस प्रकार तो नये-नये चिह्नों के निर्माण का कभी अन्त ही नहीं होगा। जब हम Platt नाम हिन्दी में लिखते हैं तो 'प्लैट' लिखा जाता है, 'a' के उच्चारण के लिए कोई नया स्वर नहीं बनाया जाता। इसी प्रकार यदि हमें गणितज्ञ 'Abel' का नाम लिखना हो तो हम 'आबेल' या 'औबेल' क्यों न लिखें। उसके लिए एक नये स्वर 'ऑ' का सर्जन क्यों करें?"

हम यह मानते हैं कि यह तर्क तथ्यहीन नहीं है, किन्तु हमें इस विषय में एक उदार और व्यापक नीति अपनानी चाहिए। प्रथम तो यह कहना ग़लत होगा कि अंग्रेज़ विदेशी शब्दों के लिखने में अपनी लिपि में कोई परिवर्तन नहीं करते। हमने तो कई अंग्रेजों को 'गंगा' और 'चाणक्य' जैसे नाम इस प्रकार लिखते देखा है—

Gaṇga, Chañakya

इसी प्रकार आवश्यकतानुसार ये लोग ऊपर अथवा नीचे बिन्दु लगाकर अथवा इस प्रकार के चिह्न लगाकर

∧ ∨ — ⌣ ⌢

नये वर्ण बना लेते हैं। स्मिथ (Smith) ने अपने गणित के इतिहास में भी विदेशी गणितज्ञों के नाम लिखने में बहुत-से नये चिह्नों का प्रयोग किया है। किन्तु यदि थोड़ी देर के लिए मान लिया जाय कि अंग्रेज़ अपनी लिपि में विदेशी शब्दों के कारण कोई परिवर्तन नहीं करते तो भी क्या यह मनोवृत्ति अनुकरणीय है? आधुनिक युग में किसी भी देश के निवासी कूप-मण्डूक बनकर नहीं रह सकते। यदि रहें तो इसमें उन्हीं का अहित है। अपनी भाषा और लिपि जितनी भी अभिव्यंजक बनायी

जा सके, बना देनी चाहिए। किन्तु इसका यह तात्पर्य नहीं है कि हम संसार की समस्त भाषाओं के स्वर चिह्न अपनी लिपि में बढ़ा लें। इस प्रकार तो हमारी लिपि कभी पूर्ण हो ही नहीं पायेगी। यहाँ प्रश्न आदर्श का नहीं, वरन् वस्तु-स्थिति का है। गत डेढ़ सौ वर्षों से हमारा सम्पर्क अंग्रेज़ों से रहा है। यह अच्छा हुआ या बुरा, इस समय इस पर विचार नहीं करना है। किन्तु सम्पर्क रहा, इस तथ्य की उपेक्षा नहीं की जा सकती। इस सम्पर्क का यह परिणाम हुआ है कि अंग्रेज़ी के सैकड़ों शब्द हमारी भाषा में घुल-मिल गये हैं, जैसे—

Handle, Bracket, Platform, Gallon, Waggon, Match, Hall, Hockey, Ball, Dock—

ये शब्द देश के बहुत-से स्थानों में प्रचलित हो गये हैं और इन्हें अब अपनी भाषा से निकाल देना न तो संभव है न वाञ्छनीय। इसके अतिरिक्त अभी कम-से-कम दस-बीस वर्ष तक हमारे विद्यार्थियों के लिए अंग्रेज़ी सीखना अनिवार्य है। अतः उनके लिए अंग्रेज़ी शब्दों के शुद्ध उच्चारण जानना आवश्यक है। इसलिए अपनी लिपि में रोमन लिपि के कुछ स्वर-चिह्न बनाने ही होंगे। किन्तु हम केवल उन्हीं स्वर चिह्नों को बढ़ाने के लिए तैयार हैं जो हमारे प्रयोग में प्रतिदिन आते रहते हैं। हमारा यह तात्पर्य नहीं है कि रोमन लिपि के समस्त स्वर-चिह्नों को नागरी लिपि में अपना लिया जाय। हमने केवल उपरिलिखित तीन चिह्नों को ही आवश्यक समझा है। रोमन लिपि के और भी कई स्वर चिह्न ऐसे हैं जिनका हमारी लिपि में समावेश नहीं है। उदाहरण के लिए अंग्रेज़ी शब्द People पर विचार कीजिए। हमने इस शब्द को हिन्दी में चार प्रकार से लिखा देखा है—

पीपुल, पीपल, पीपिल, पीप्ल।

वास्तव में ये चारों हिज्जे अशुद्ध हैं। क्योंकि इनमें से एक भी उस उच्चारण का द्योतक नहीं है, जो अंग्रेज़ी शब्द People में समाविष्ट है। तो क्या हम इस उच्चारण के लिए भी एक नये चिह्न की सृष्टि करें? कदापि नहीं। क्योंकि यह स्वर ऐसे बहुत कम शब्दों में प्रयुक्त होता है, जिनको हिन्दी में लिखने की आवश्यकता पड़े। इसी प्रकार के कई और भी स्वर हैं—

Light, There, Flour

हमारा विचार यह नहीं है कि अंग्रेज़ी के इन स्वरों के लिए भी नये चिह्न बनाये जायँ। यदि कहीं आवश्यकता पड़ेगी तो हम उक्त शब्दों के **निकटतम हिन्दी** उच्चारण के चिह्नों से काम चला लेंगे।

इस सम्बन्ध में एक बात और भी विचारणीय है। जहाँ तक हमारा तात्कालिक

हेतु है, हमें तो केवल विदेशी गणितज्ञों के नामों के शुद्ध उच्चारण के लिए चिह्न बनाने हैं। अतः यदि इस पुस्तक के लिए हम कुछ नये चिह्न बना भी लें तो उनसे नागरी-वर्णमाला अथवा लिपि पर कोई व्यापक प्रभाव नहीं पड़ता। इस पुस्तक के पाठकों की संख्या और क्षेत्र सीमित हैं।

अभी तक हिन्दी में उच्च गणित की पुस्तकों का अभाव रहा है। अतः आज-तक गणितीय संकेतों की समस्या कभी उग्र रूप से हमारे सम्मुख नहीं आयी। किन्तु अब दिन-प्रति-दिन हिन्दी में उच्च गणित की पुस्तकों की संख्या बढ़ती जा रही है। अतएव यह आवश्यक है कि हम गणितीय संकेतों के प्रश्न पर भी विचार कर लें। कुछ लोगों का मत है कि "हमें समस्त वैज्ञानिक संकेत ज्यों-के-त्यों अंग्रेज़ी से ले लेने चाहिए। इस प्रकार भिन्न-भिन्न देशों के वैज्ञानिकों में विचार विनिमय सरलता से हो सकेगा। यदि प्रत्येक देश के संकेत अलग-अलग रहेंगे तो ऑस्ट्रेलिया के वैज्ञानिकों को रूसी गवेषणा पत्रों के पढ़ने में कठिनाई होगी। एक दिन इसका यह परिणाम निकलेगा कि भिन्न-भिन्न देश वैज्ञानिक समतल पर एक दूसरे से दूर होते जायँगे। इस प्रकार कभी भी कोई अन्तर्राष्ट्रीय वैज्ञानिक संकेतलिपि बन ही न पायेगी।"

इस तर्क के समर्थक ऐसे प्रस्ताव को व्यावहारिक रूप देने में जो कठिनाइयाँ पड़ेंगी उन पर ध्यान नहीं देते। यदि हमने अंग्रेज़ी के समस्त संकेतों को अपना लिया तो हमारे मुद्रणालयों को नागरी लिपि के अतिरिक्त ग्रीक लिपि के भी समस्त वर्ण रखने पड़ेंगे। यों ही हिन्दी की छपाई में पर्याप्त कठिनाइयाँ हैं, एक कठिनाई और बढ़ जायगी। हिन्दी का मुद्रण इस समय भी महँगा है, इस प्रकार और महँगा हो जायगा। इस समय हिन्दी की छपाई के लिए चार बक्से चाहिए, तब कदाचित् छः बक्सों की आवश्यकता पड़ेगी। यों समझिए कि हिन्दी की छपाई सरलतर होने के बदले कठिनतर हो जायगी।

एक बात और भी है। इस प्रकार के तर्क सुनने से ऐसा प्रतीत होता है मानो देश में केवल वे ही युवक अध्ययन करते हैं जिन्हें अन्त में गवेषणा करनी होती है। हमें केवल गवेषकों का हित ही ध्यान में नहीं रखना है, जिनकी संख्या किसी भी देश में एक प्रतिशत भी न होगी। हमें अधिक समय और शक्ति तो सामान्य विद्यार्थियों की शिक्षा पर लगानी है जिनकी संख्या ९९ प्रतिशत से भी अधिक होगी। जो विद्यार्थी स्कूलों में शिक्षा पाते हैं उनमें से बहुत-से हाई स्कूल के पश्चात् अध्ययन छोड़ देते हैं। जो विद्यार्थी कालेजों में शिक्षा ग्रहण करते हैं, उनमें से भी बहुत-से बी० ए० के बाद पढ़ाई तर्क कर देते हैं। जो छात्र एम० ए० पास करते हैं, उनमें से भी बहुत ही थोड़े ऐसे निकलते हैं जो गवेषणा कार्य में अपना जीवन लगाते हों। इस अत्यल्प

संख्या के हेतु समस्त देश पर एक विदेशी दुर्बोध्य संकेत-लिपि लाद देना कहाँ की बुद्धिमानी होगी ?

आज एक विद्यार्थी पढ़ता है कि H_2O का अर्थ है 'पानी' क्योंकि H=Hydrogen और O=Oxygen। और पानी में दो भाग हाइड्रोजन के रहते हैं और तीन भाग ऑक्सीजन के। किन्तु आज से पचास वर्ष उपरान्त का एक भारतीय छात्र कदाचित् अंग्रेज़ी वर्णमाला से सर्वथा अनभिज्ञ होगा। वह 'H' और 'O' का क्या अर्थ लगायेगा ? आज का पाठक जानता है कि H अंग्रेज़ी वर्णमाला का एक वर्ण है, जिसकी ध्वनि 'ह' की-सी होती है। उस दिन का विद्यार्थी केवल इतना समझेगा कि 'H' एक विशेष प्रकार का चिह्न है जिसमें दो लकीरें खड़ी रहती हैं और एक लकीर पड़ी। न वह H और हाइड्रोजन का संबन्ध समझेगा, न H_2O और पानी का। वह केवल बिना समझे ही रट लिया करेगा कि H_2O एक चिह्न विशेष है पानी के लिए। स्पष्ट है कि यह चिह्न उसके मस्तिष्क पर एक अनावश्यक बोझ बनकर रह जायगा।

इसके विरुद्ध यदि हम हाइड्रोजन को 'उदजन' और 'आक्सीजन' को 'ओषजन' कहें तो पानी के लिए वैज्ञानिक संकेत होगा—

$$उ_२ ओ ।$$

इस संकेत को पढ़ते ही विद्यार्थी समझ लेगा कि 'उ' का अर्थ है 'उदजन' और 'ओ' का अर्थ है 'ओषजन'। ऐसी स्थिति में यह संकेत विद्यार्थी के मस्तिष्क में एक जीवित पदार्थ की भाँति अंकित रहेगा।

एक बात अवश्य है। कुछ वैज्ञानिक संकेत ऐसे हैं जिनका संबन्ध किसी भाषा से या तो कभी था ही नहीं या पहले था तो अब रहा नहीं। ऐसे संकेत ज्यों-के-त्यों अपनाये जा सकते हैं। चार सरल अंकगणितीय क्रियाओं के संकेत—

$$+ \quad - \quad \times \quad \div$$

जैसे अंग्रेज़ी में हैं, वैसे ही हिन्दी में भी। यद्यपि ये चिह्न भी प्राचीन भारत में सर्वथा ऐसे ही नहीं थे। जो आज ऋण चिह्न कहलाता है, किसी समय वह धन चिह्न था। ऋणात्मक संख्याओं को निरूपित करने के लिए संख्या के ऊपर एक बिन्दी लगायी जाती थी, जैसे आजकल 'आवर्त दशमलव' के निरूपण के लिए लगायी जाती है।* परन्तु यह बात अस्वीकार नहीं की जा सकती कि ऊपर दिये हुए चारों चिह्न आज देश भर में सर्वमान्य हो गये हैं। इसी प्रकार भिन्न के निरूपण के लिए बटे का चिह्न भी

* उदाहरणार्थ देखिए—विभूति भूषण दत्त, दी बक्षाली मॅथॅमॅटिक्स—बुलेटिन कलकत्ता मॅथॅमॅटिकल सोसायटी २१ (१९२९) १–६०।

अंग्रेज़ी और हिन्दी में एक-सा है। और भी बहुत-से चिह्न हैं, जिनमें अंग्रेज़ी और हिन्दी में कोई अन्तर नहीं पड़ता—

$\surd \quad \because \quad \therefore \quad = \quad \equiv \quad \parallel \quad > \quad < \quad \sim \quad \angle \quad \perp$

$\square \quad \odot \quad (\ ) \quad \{\ \} \quad [\ ] \quad \rightarrow$

ये चिह्न तो हिन्दी की पुस्तकों में बराबर प्रयुक्त हो रहे हैं। इनके अतिरिक्त और भी कई चिह्न हैं, जिनका किसी भाषा से कोई सम्बन्ध नहीं है—

$\int$ अनुकलन चिह्न+	$\mid\ \mid$ सारणिक चिह्न
$\lfloor$ क्रमगुणन चिह्न	$\|\ \|$ श्रेणिक (Mätrix) का चिह्न
∞ अनन्त का चिह्न	$\propto$ समानुपात चिह्न
। । मापांक (Modulus) चिह्न	(अ)

अब रहा उन चिह्नों के विषय में जिनका संबन्ध अंग्रेज़ी अथवा ग्रीक भाषा से है। उत्तर प्रदेशीय इण्टरमीडियेट बोर्ड ने यह निश्चय किया है कि ग्रीक वर्णमाला के दो अक्षर

π और Σ

हिन्दी में अपना लिये जायँ, क्योंकि यह विशिष्ट अर्थों में इतने रूढ़ हो चुके हैं कि इन्हें उन अर्थों से अलग नहीं किया जा सकता। हम इस प्रस्ताव से सहमत हैं। हमारे विचार में गामा चिह्न Γ को भी अपना लेना चाहिए। शेष समस्त भाषा-संबन्धी चिह्नों का अनुवाद होना चाहिए।

अंग्रेज़ी में एक रूढ़ि-सी बन गयी है कि बिन्दुओं के निरूपण के निमित्त बड़े अक्षर प्रयुक्त होते हैं और गुणांकों तथा लम्बाइयों के लिए छोटे अक्षर। नागरी-लिपि में बड़े और छोटे अक्षर तो होते नहीं, किन्तु प्रत्येक अक्षर पर मात्राएँ लगायी जाती हैं। अंग्रेज़ी की वर्णमाला में केवल छब्बीस वर्ण हैं और ग्रीक वर्णमाला में चौबीस। अतः दोनों लिपियों की वर्णमाला में कुल मिलाकर ५० अक्षर होते हैं। इसकी तुलना में नागरी लिपि में ४९ अक्षर होते हैं और प्रत्येक अक्षर पर तेरह मात्राएँ लगायी जा सकती हैं। अतएव हमारे पास तो चिह्नों की बहुलता है। समस्त मात्राओं की तो कदाचित् आवश्यकता ही न पड़े। हमारा विचार है कि सम्प्रति हम प्रथम छः

+ **इसमें संदेह नहीं कि यह चिह्न अंग्रेज़ी के 'S' का ही रूपान्तर मात्र है, किन्तु संप्रति यह जिस प्रकार लिखा जाता है उसका 'S' से कोई प्रत्यक्ष सम्बन्ध नहीं रह गया है।**

मात्राएँ चुन लें। इनमें से तीनों दीर्घ मात्राओं को बिन्दुओं के निरूपण के लिए निर्धारित कर दें और तीनों ह्रस्व मात्राओं को गुणांकों और लम्बाइयों के लिए—

A, B, C, ... का, खा, गा ...... की, खी, गी, ... कू, खू, गू, ...

a, b, c, ... क, ख, ग, ... कि, खि, गि, ... कु, खु, गु ......

P, Q, R, ... पा, फा, बा, ... पी, फी, बी, ... पू, फू, बू, ...

p, q, r, ... प, फ, ब, ... पि, फि, बि, ... पु, फु, बु, ...

हिन्दू गणित में परम्परा से अज्ञात राशियों x, y, z, के लिए य, र, ल का प्रयोग होता चला आया है। इस रूढ़ि को बदलने की कोई आवश्यकता दिखाई नहीं देती। अतएव तत्संबन्धी राशियों के लिए हमारे संकेत इस प्रकार के होंगे —

$x,\ y,\ z,$ ... य, र, ल,

$x_1,\ x_2,\ x_3,$ ... य१, य२, य३,

$x',\ y',\ z',$ ... य′, र′, ल′,

$\overline{x},\ \overline{y},\ \overline{z},$ ... य̅, र̅, ल̅,

$\dot{x},\ \dot{y},\ \dot{z},$ ... यं, रं, लं,

अब हम यहाँ कुछ अन्य चिह्नों की सूची देते हैं —

$\alpha,\ \beta,\ \gamma,$ ... ज्ञात कोण अ, आ, इ, ई, ...

$\theta,\ \phi,\ \psi,$ ... अज्ञात कोण क्ष, त्र, ज्ञ, ...

O (origin) ... म (मूलबिन्दु)

e (eccentricity) ... उ (उत्केन्द्रता)

e (coefficient of restitution) ... प्र (प्रत्यानयन गुणांक)

e (exponential) ... घ (घातांकीय)

E ,, ... घा

i $(\sqrt{-1})$ ... ए $(\sqrt{-१})$

r (radius vector) ... त्र (सदिश त्रिज्या)

ρ (radius of curvature) त्रि (वक्रता त्रिज्या)

n (any number) स (कोई संख्या)

r (running term) घ (धावी पद)

$$\sum_{r=0}^{r=n}$$ $$\sum_{\text{ध}=0}^{\text{ध}=\text{स}}$$

Lt (Limit)	सी (सीमा)
$\text{Lt}_{n\to\infty}$	सी$_{\text{न}\to\infty}$
Determinant $\triangle$	सा (सारणिक)
$\triangle_0$	सा$_{०}$
$\triangle_1$	सा$_{१}$
$\triangle'$	सा$'$
Discriminant $\triangle$	वि (विवेचक)
S (Sum)	यो (योग)
P (Product)	फ (गुणनफल)
Q (Quotient)	भा (भागफल)
R (Remainder)	श (शेष)
${}^nP_r$	${}^{\text{न}}$क्र$_{\text{ध}}$
${}^nC_r$	${}^{\text{न}}$च$_{\text{ध}}$
Sin (Sine)	ज्या
Cos (Cosine)	कोज् (कोटिज्या)
Tan (Tangent)	स्प (स्पर्शज्या)
Cot (Cotangent)	कोस्प (कोटि स्पर्शज्या)
Sec (Secant)	व्युकोज् (व्युत्कोज्या)
Cosec (Cosecant)	व्यु (व्युज्या)
Vers (Versed Sine)	उज्ज्या (उत्क्रमज्या)
Covers (Coversed Sine)	उत्को (उत्क्रम कोटिज्या)
$\text{Sin}^{-1}x$	ज्या$^{-१}$ य
Sinh (Hyperbolic Sine)	अज्या (अतिपरवलीय ज्या)
Cosh (Hyperbolic Cosine)	अकोज् (अतिपरवलीय कोटिज्या)
t (Time)	म (समय)
s (Distance)	द (दूरी)
v (Velocity)	वे
u (Initial velocity)	व (आदि वेग)
f (acceleration)	त (त्वरण)
$v=u+ft$	वे=व+त म
$s=ut+\frac{1}{2}ft^2$	द=वम+$\frac{१}{२}$ तम^{२}

$v^2=u^2+2fs$	वे^{२}=व^{२}+२ त द
m (Gradient)	ण (प्रवणता)
$y=mx+c$	र=त य+ग
$\frac{x}{a}+\frac{y}{b}=1$	$\frac{\text{य}}{\text{क}}+\frac{\text{र}}{\text{ख}}=१$
$\frac{\text{Sin A}}{a}=\frac{\text{Sin B}}{b}=\frac{\text{Sin C}}{c}$	$\frac{\text{ज्या का}}{\text{क}}=\frac{\text{ज्या खा}}{\text{ख}}=\frac{\text{ज्या गा}}{\text{ग}}$
$ax+by+c=0$	क य+ख र+ग=०
$xX+yY=1$	य या+र रा=१
p (perpendicular)	ल (लम्ब)
h, k	ट, ठ
$x\cos\alpha+y\sin\alpha=p$	य कोज् अ+र ज्या अ=ल
$lx+my+n=0$	ट य+ठ र+उ=०

$ax^2+2hxy+by^2+2gx+2fy+c=0$

कय^{२}+२ ज य र+खर^{२}+२ छ य+२ च र+ग=०

$f(x)$ (function)	फ (य) (फलन)
$F(x)$	फा (य)
$u(x)$	फि (य)
$v(x)$	फु (य)
$w(x)$	फे (य)
$f'(x)$	फ'.(य)
$\dot{f}$	फं
$f^{-1}(x)$	फ$^{-१}$ (य)
dx	ताय
∂x	तय
δx	तिय
D_x	ती$_{\text{य}}$
$\frac{dy}{dx}$	$\frac{\text{तार}}{\text{ताय}}$
$\frac{\partial y}{\partial x}$	$\frac{\text{तर}}{\text{तय}}$

$\frac{\delta y}{\delta x}$	$\frac{\text{तिर}}{\text{तिय}}$
$D_x y$	$\text{ती}_{\text{य}}\,\text{र}$
$y_n = \frac{d^n y}{dx^n}$	$\text{र}_{\text{घ}} = \frac{\text{ता}^{\text{घ}}\,\text{र}}{\text{ता य}^{\text{घ}}}$
$\int_a^b f(x)\ dx$	$\int_{\text{क}}^{\text{ख}} \text{फ (य) ताय}$

पाठक यह कह सकते हैं कि जिस प्रकार इतने चिह्नों का अनुवाद किया है, उसी प्रकार अन्य चिह्नों का भी अनुवाद हो सकता है। जो चिह्न (अ) में दिये गये हैं उनका भी अपनी लिपि में अनुवाद क्यों न कर लिया जाय ? कारण यह है कि इन चिह्नों का किसी भी भाषा से सम्बन्ध नहीं है। अतएव आशा हो सकती है कि संसार की शेष भाषाएँ भी इन चिह्नों को ज्यों-का-त्यों अपना लेंगी। इस समय भी संसार की कई भाषाएँ ऐसी हैं जिन्होंने ऊपर दिये हुए प्रायः समस्त चिह्नों का अपनी भाषा में रूपान्तर किया है। किन्तु चिह्नों (अ) में से अधिकांश जैसे-के-तैसे ले लिये हैं जैसे फ्रैंच और इटॅलियन। यदि ऐसे चिह्नों को संसार की समस्त भाषाएँ अपना लें तो वैज्ञानिकों के विचार-विनिमय में थोड़ी-बहुत सुविधा अवश्य ही हो जायगी। इस प्रकार यदि उपरिलिखित सूची के समस्त चिह्न भी संसार भर में अपना लिये जायँ तो वैज्ञानिक जगत् में और भी सुविधा हो जायगी। परन्तु इस बात की तनिक भी आशा नहीं कि कोई भी समृद्ध भाषा किसी अन्य भाषा के भाषा-संबंधी चिह्न अपना लेगी। इसमें केवल राष्ट्रीय गर्व का ही प्रश्न नहीं है, वरन् जैसा ऊपर दर्शाया गया है उक्त प्रणाली विद्यार्थी के लिए भी अहितकर होगी।

संख्या-पद्धतियां, संख्याशब्द और संख्यांक

संख्या-बुद्धि

जिस दिन से मनुष्य ने संसार में पदार्पण किया है उसी दिन से उसके मस्तिष्क में संख्या-बुद्धि की उत्पत्ति हुई है। कुछ लोगों की संख्या-बुद्धि तीव्र होती है, कुछ लोगों की मंद। एक अध्यापक ने अपने तीन विद्यार्थियों की संख्या-बुद्धि की परीक्षा लेनी चाही। उन तीनों विद्यार्थियों में से एक ब्राह्मण पुत्र था, दूसरा क्षत्रिय और तीसरा वैश्य। अध्यापक ने मैदान में तीस फ़ुट लम्बा एक बाँस गाड़ दिया और तीनों लड़कों से बारी-बारी से पूछा कि उनके विचार में बाँस की लम्बाई कितनी होगी? ब्राह्मण पुत्र ने कहा कि "लम्बाई होगी कोई पचास साठ फ़ुट या कदाचित् सत्तर-अस्सी फ़ुट।" क्षत्रिय लड़के ने बताया कि "बाँस की लम्बाई होगी चालीस पैंतालीस फ़ुट।" वैश्य-बालक का उत्तर था कि "लम्बाई होगी कोई पौने सत्ताइस, सवा सत्ताइस फ़ुट।"

प्रत्यक्ष है कि तीनों लड़कों में से वैश्य पुत्र की संख्या-बुद्धि सबसे तीव्र थी। इसके विपरीत बहुत-से लोगों की संख्या बुद्धि बहुत मंद होती है। कभी आप किसी दूरस्थ स्थान को पैदल जा रहे हों। रास्ते में कहीं पर भी किसी गाँव वाले से पूछिए कि "अमुक स्थान कितनी दूर है।" वह कहेगा कि "कोस डेढ़ कोस है।" मील दो मील आगे निकल जाइए और फिर किसी से प्रश्न कीजिए कि "गाँव कितनी दूर है।" तो वही उत्तर मिलेगा कि "कोस-डेढ़ कोस है।" रास्ते भर आपका गंतव्य स्थल कोस डेढ़ कोस ही रहेगा। कभी-कभी तो गाँव वाले कहेंगे "अरे! वह क्या सामने दिखता है।" इसी संकेत के भरोसे आप मीलों चले जायेंगे और आपका लक्षित स्थान नहीं आयेगा।

स्वभावतः बच्चों की संख्या-बुद्धि बहुत अविकसित रहती है। किसी बच्चे से पूछिए कि "दो और तीन कितने होंगे"। जो ऊँची से ऊँची संख्या उसे याद होगी, वही कहेगा। यदि उसको सबसे ऊँची संख्या आठ स्मरण है तो वह आठ ही कहेगा। यदि आप उससे पूछें कि चार और पाँच कितने होते हैं तो भी उसका उत्तर आठ ही होगा। बच्चा जब कुछ बड़ा होता है तो पूरी गिनती तो उसे आती नहीं, किन्तु सौ, दो सौ, तीन सौ ये दो चार शब्द उसे याद हो जाते हैं। यद्यपि वह इनका मतलब नहीं समझता,

तब भी उसे जब कभी किसी बहुत बड़ी संख्या का भान कराना होता है, वह सौ, दो सौ ही कहता है।

किसी ग्रामीण बालक ने अपने पिताजी से कहा—"बाबूजी, आज मैंने गाँव में कोई ५०० कुत्ते देखे।" बच्चा कुछ-कुछ समझदार हो चुका था, बाप को उसकी मूर्खता पर बड़ा क्रोध आया। उसने कहा कि "तू अभी से इतना झूठ बोलता है। इस गाँव में तो क्या, आस-पास के दस-पाँच गाँवों के समस्त कुत्ते इकट्ठे कर लिये जायँ तब भी पाँच-सौ न होंगे। सच-सच बता तूने कितने कुत्ते देखे थे।" बच्चा बेचारा सहम गया। उसने कहा—"बाबूजी ५०० नहीं तो कम-से-कम दो कुत्ते तो थे ही।"

पुराने समय में संसार की कुछ जातियों की संख्या-कल्पना बहुत ही तुच्छ थी, बल्कि नहीं के बराबर थी। अब भी संसार में कुछ प्रतिगामी जातियाँ ऐसी हैं, जिनकी संख्या-बुद्धि बिलकुल नगण्य है। अमेरिका में एक प्रदेश है बोलीविया जिसमें चिकिट्टो नाम की एक जाति रहती है। इस जाति की भाषा में संख्या सूचक कोई शब्द है ही नहीं। जब कभी इन्हें १का भाव प्रदर्शित करना होता है तो वह एक शब्द 'एँतम' का प्रयोग करते हैं। यह शब्द हिन्दी शब्द 'आतम' से बहुत कुछ मिलता-जुलता है। इस 'एँतम' के अतिरिक्त इन लोगों की भाषा में संख्या-संबन्धी कोई शब्द है ही नहीं। अतः ये लोग २ तक भी नहीं गिन सकते।

अमेरिका में क़बीलों का एक परिवार है, जिसका नाम है ग्वायकुरु परिवार। इन लोगों की भाषाओं में भी संख्यात्मक शब्द बहुत ही कम हैं। इसी परिवार के एक क़बीले का नाम है बोटोसूडो। इन लोगों की बोली में केवल दो संख्यात्मक शब्द हैं—मोकेनम और उरुह। मोकेनम का अर्थ है १ और उरुह का अर्थ है 'बहुत'। अतः ये लोग २ या ३ भी नहीं कह सकते, केवल 'बहुत' ही कह सकते हैं।

इन तथ्यों से इस बात का पता चल जाता है कि संसार के समस्त प्राणियों में '१' की कल्पना अवश्य ही विद्यमान है। इसका कारण यह है कि प्रत्येक प्राणी में 'अहं' अर्थात् अपनेपन का भाव मौजूद है। प्रत्येक प्राणी समस्त विश्व को दो भागों में बाँटता है। एक तो 'अपने आप' अर्थात् 'मैं' और दूसरा 'शेष सारा-विश्व'। प्रत्येक प्राणी पहले अपने स्वार्थ की रक्षा करता है, तत्पश्चात् दूसरों की आवश्यकता पर विचार करता है। धार्मिक क्षेत्र में इस 'एक' का अर्थ है 'ब्रह्म', 'सत्य' अथवा 'ईश्वर'। इस एक की कल्पना का इतना महत्त्व है कि अंग्रेज़ी में '१' के लिए अनेक शब्दों का प्रयोग होता है—

A, An, One, Unit, Unity

हिन्दी में भी 'एक' के द्योतक बहुत से शब्द हैं—

एक, एकता, इकाई, एकाकी, एकांकी, एकोएक, अकेला, इकलौता।

संसार में कुछ जातियाँ ऐसी हैं, जिन्हें २ तक की ही गिनती आती है। अमेरिका म एक जाति है, जिसका नाम है अन्साबलाडा। इनकी भाषा में दो संख्यात्मक शब्द हैं—ते और कयापा। 'ते' का अर्थ है 'एक' और 'कयापा' का अर्थ है 'दो'। इसी देश में एक बोली है मोबोकोबी। इस भाषा में एक अक्षर ऐसा है, जिसका उच्चारण हिन्दी के अक्षर ञ से बहुत कुछ मिलता-जुलता है। इस बोली में भी संख्या-संबन्धी दो ही शब्द हैं—'यांत्वक' जिसका अर्थ है 'एक' और 'यांका', जिसका अर्थ है 'दो'।

पाठक सहज ही अनुमान कर सकते हैं कि मनुष्य को जोड़े का भान कहाँ से हुआ। संसार में जिधर भी दृष्टि डालिए आप को जोड़े ही जोड़े दिखाई देंगे। अपने शरीर को ही देखिए। हमारे शरीर में दो हाथ हैं, दो पैर हैं, दो आँखें हैं, दो कान इत्यादि। अन्यत्र भी आप जोड़े ही जोड़े देखते हैं। कैंची को अंग्रेजी में कहते हैं (Pair of Scissors), ऐनक को कहते हैं (Pair of Spectacles), चीमटे को कहते हैं (Pair of Tongs)। परन्तु इन वस्तुओं में तो जोड़े की कल्पना परोक्ष रूप में है। कुछ वस्तुओं में जोड़े की कल्पना प्रत्यक्ष रूप में होती है। मुगदर की जोड़ी, गुलदस्ते की जोड़ी और युगल जोड़ी आदि।

उत्तर प्रदेश के पश्चिमी प्रान्त में दो शब्दों का प्रयोग होगा है—फ़ुट और जोड़ी। फ़ुट का अर्थ है अकेला। रईस लोग अपने साईस से पूछते हैं कि "आज गाड़ी में फ़ुट लगाया है या जोड़ी ?" इसका अर्थ है कि "एक घोड़ा जोता है या दो ?"

संसार में कुछ जातियाँ सभ्यता के उस स्थल पर हैं, जहाँ तीन तक की गिनती होती है। फूगन एक जाति है, जिसकी बोली में केवल तीन संख्यात्मक शब्द हैं। पहला शब्द है 'कउली', जिसका अर्थ है १। यह शब्द हमारे हिन्दी शब्द 'कौड़ी' से बहुत मिलता-जुलता है। दूसरा शब्द है 'कम्पायपी', जिसका अर्थ है २ और तीसरा 'मातेन', किसका अर्थ है ३। एक अन्य जाति है, जिसका नाम है 'बरोरो'। इस जाति की बोली में भी संख्या-सूचक केवल तीन ही शब्द हैं—कउए, मकउए और उअउए।

कुछ पक्षियों को ३ तक की संख्या का बोध होता है। एक विशेषज्ञ थे गाल्टन (Galton), जिन्होंने पक्षियों के स्वभाव का अध्ययन किया था। इनका कथन है कि कुछ पक्षियों को ३ तक की संख्या-चेतना होती है। किसी पक्षी के घोंसले में ३ अण्डे हों तो यदि आप उनमें से एक अण्डा उठा लें तो पक्षी को इस बात का भान हो जायगा कि एक अण्डा चोरी हो गया है और वह घोंसला छोड़ देगा। परन्तु यदि किसी पक्षी के घोंसले में चार अण्डे हों तो आप बिना खटके उनमें से एक उठा सकते हैं। पक्षी को इस चोरी का पता नहीं चलेगा, क्योंकि वह ३ और ४ का भेद नहीं जानता।

संसार की कुछ जातियाँ ऐसी हैं जो ४ तक गिन सकती हैं। कुछ जातियाँ ५ तक गिन लेती हैं। दक्षिण अमेरिका में एक देश है पीरू। इस देश में कम्पा नाम की एक जाति रहती है। इन लोगों के पास संख्या-संबन्धी तीन शब्द हैं—पत्तियो, पित्तैनी और महुआनी अर्थात् १, २, ३। यदि इन लोगों को ४ कहना होगा तो कहेंगे 'पत्तियो महुआनी'। ५ को कहेंगे 'पित्तैनी महुआनी' और ६ को कहेंगे 'महुआनी महुआनी'। इसी प्रकार के सैकड़ों उदाहरण दिये जा सकते हैं। परन्तु हम केवल एक ही उदाहरण और लेंगे। ऑस्ट्रेलिया की एक जाति है कमिलारोई। इन लोगों में भी स्वतन्त्र संख्यात्मक शब्द तो केवल तीन ही हैं—

मल	१
बुलर	२
गुलिबा	३

४ को यह लोग कहते हैं बुलर बुलर।

५ को कहते हैं बुलर गुलिबा

६ को कहते हैं गुलिबा गुलिबा।

कुछ पक्षियों में ४ और ५ तक की संख्या-बुद्धि होती है। पक्षियों के एक विशेषज्ञ थे लेरॉय (Leroy)। उन्होंने अपना एक अनुभव सुनाया है। एक चौकीदार की गुमटी में एक कौए ने घोंसला बना लिया। कौआ जब दूर से चौकीदार को आता देखता था तो उड़कर दूर के एक पेड़ पर जा बैठता था। पेड़ इतना गुंजान था कि उस पर गोली चला कर कौए को मारना नितान्त असंभव था। चौकीदार कौए से बड़ा तंग आ गया था। अन्त में उसने एक चाल चली। एक दिन वह एक और आदमी को अपने साथ ले गया। कौए ने दोनों को आते देखा तो उड़ गया और पेड़ पर जा बैठा। उनमें से एक आदमी गुमटी में से बाहर निकला तो कौआ नहीं लौटा। जब दूसरा आदमी भी चला गया तब कौआ लौटा।

अगले दिन तीन व्यक्ति गुमटी में गये और बारी-बारी से बाहर निकले। कौआ धोखे में नहीं आया। वह तब तक नहीं लौटा जब तक तीनों आदमी नहीं निकल गये। बाद वाले दिन चार आदमी गुमटी में गये, फिर भी असफल रहे। उससे अगले दिन पाँच आदमी गुमटी में गये। उस दिन कौआ धोखा खा गया। जब बारी-बारी से चार आदमी गुमटी से बाहर आ गये तो उसने समझा कि सब आदमी बाहर आ गये हैं। वह गुमटी में लौट आया और पाँचवें आदमी ने उसे गोली से मार दिया। इस उदाहरण से स्पष्ट है कि कौआ चार तक गिन सकता था, पाँच तक नहीं गिन सकता था।

संसार की अधिकांश पुरानी जातियों को केवल ५ तक का भान था। कप्तान पैरी (Perry) का यह अनुभव है कि किसी एँस्किमो' जाति का कोई भी आदमी ७ तक नहीं गिन सकता । किसी एँस्किमों से ७ तक गिनाइए। ७ तक पहुँचने में वह कम-से-कम एक त्रुटि अवश्य करेगा। एक और अन्वेषक हुए हैं 'हंबोल्ड'(Humbold)। इन्होंने एक बार चैमा जाति के एक मनुष्य से पूछा कि "तुम्हारी अवस्था क्या है ?" उसने कहा '१८ वर्ष'। वह आदमी ३०-३५ वर्ष से कम नहीं था । हंबोल्ड ने कहा कि "तुम १८ वर्ष से कहीं अधिक के लगते हो।" उसने कहा कि "मेरी अवस्था १८ वर्ष की न होगी तो ६० वर्ष की होगी।" हम नहीं समझते कि वह व्यक्ति जान-बूझ कर झूठ बोल रहा था। उस बेचारे ने कहीं १८ और ६० शब्द सुन रखे होंगे। दोनों संख्याएँ उसकी मानसिक पहुँच के बाहर थीं। वह तो केवल इतना जानता था कि दोनों बड़ी संख्याएँ हैं।

दक्षिण आफ्रिका में योरूबा नाम की एक जाति है। इन लोगों की बोली में एक कहावत प्रसिद्ध है कि "बड़े चतुर बनते हो, तनिक बताना तो सही कि नौ नेम कितने होते हैं।" इसमें कोई आश्चर्य की बात नहीं है। अभी तीन चार सौ वर्ष पहले की बात है कि जर्मनी के एक विद्यार्थी ने अपने गुरु से पूछा था कि "मैं गणित की उच्च शिक्षा प्राप्त करना चाहता हूँ, मुझे किस आचार्य के पास जाना चाहिए ?" गुरु ने कहा कि "यदि तुम केवल जोड़ना, घटाना ही सीखना चाहते हो तब तो जर्मनी के प्रोफ़ेसर ही काफी होंगे। परन्तु यदि तुम गुणा और भाग भी सीखना चाहते हो तो इटली के किसी विशेषज्ञ के पास जाना होगा।"

यह तो कई सौ वर्ष पहले की बात है। हम अपने देश की ही लगभग ५० वर्ष पहले की बात सुनाते हैं। रेलवे में स्टेशन मास्टरों की एक परीक्षा हुआ करती थी। उस जमाने में उस परीक्षा का स्तर बहुत नीचा था। एक बार परीक्षा-पत्र में एक प्रश्न दिया गया था कि "आठ अट्ठे कितने होते हैं ?" एक विद्यार्थी ने उत्तर लिखा ६३। परीक्षक ने उसे पूरे अंक (नम्बर) दिये और कहा कि 'उत्तर क़रीब-क़रीब ठीक है।'

संसार की अधिकांश भाषाओं में संख्यात्मक शब्दों का पैमाना ५ या १० माना गया है। भारतीय संस्कृति में भी १० के पैमाने का ही उपयोग किया गया है। संस्कृत के कुछ शब्दों पर विचार कीजिए—

एकादश	१०+१
द्वादश	१०+२
अष्टादश	१०+८
ऊनविंशति	२०—१

अंग्रेजी में भी अधिकांश रूप में १० का पैमाना ही काम में लाया गया है।

Thirteen	3+10
Fourteen	4+10

५ और १० के इस सर्वव्यापी पैमाने का कारण यह प्रतीत होता है कि मनुष्य के हाथों में ५, ५ उँगलियाँ होती हैं। मनुष्य को गिनने का सब से सुलभ उपाय उँगलियों द्वारा ही प्रतीत हुआ। बहुत-सी भाषाओं में ५ के लिए वही शब्द है जो हाथ के लिए है। रूसी भाषा में ५ को 'प्याष्ट' कहते हैं और हाथ को भी 'प्याष्ट'। फ़ारसी में पाँच को पंजा कहते हैं और खुले हुए हाथ को भी पंजा कहते हैं। यही बात पंजाबी भाषा में भी है।

एक उदाहरण और लीजिए। फ़्लॉरेंन्स (Florence) द्वीप की एक भाषा है, जिसका नाम है 'ऍण्ड'। उसके कुछ संख्यात्मक शब्द इस प्रकार हैं—

सा	१
ज़्वा	२
लिमा	५ (हाथ)
लिमा सा	६
लिमा ज़्वा	७

५ के लिए तो वही शब्द निश्चित कर दिया जो हाथ के लिए था। अब प्रश्न यह हुआ कि १० के लिए कौन-सा शब्द रखा जाय। संसार की बहुत-सी भाषाओं में १० को कहते हैं 'हाथ' क्योंकि जब एक हाथ की उँगलियाँ समाप्त हो जाती हैं तो लोग स्वाभाविक रूप से दूसरे हाथ की उँगलियों से गिनते हैं। १० के आगे गिनने के लिए कुछ लोग तो फिर दाहिने हाथ से आरम्भ करते हैं। परन्तु कुछ लोग पैर की उँगलियों से काम लेते हैं। ओरीनोको प्रदेश में एक जाति माईपुरे नाम की है। इन लोगों की भाषा के कुछ शब्दों के अर्थ हम यहाँ देते हैं—

५	केवल एक हाथ
६	दूसरे हाथ की भी एक
७	दूसरे हाथ की भी दो
१०	दो हाथ
११	पैर की भी एक उँगली
१५	दो हाथ, एक पैर
२०	पूरा एक आदमी

१ से ५ तक गिनने में दाहिने से बायें गिना जाता है या बायें से दायें, इस विषय

में कोई निश्चित पद्धति नहीं है। कुछ लोग अँगूठे से आरम्भ करते हैं, कुछ लोग कन उँगली से। अमेरिका में वॉर्स्टन नगर के एक स्कूल की ५ कक्षाओं के विद्यार्थियों पर यह प्रयोग किया गया था। छात्रों से कहा गया था कि १ से ५ तक गिनें। २०६ विद्यार्थियों में से १४९ ने अंगूठे से गिनना आरंभ किया। अर्थात् तीन चौथाई विद्यार्थियों ने अंगूठे से गिनना आरंभ किया।

परन्तु अंगूठे से आरम्भ करने में ही कोई विशेष बात नहीं है। एक स्कूल में एक प्रयोग इस प्रकार किया गया। एक अध्यापक ने विद्यार्थियों में से एक को खड़ा किया और कहा कि "उँगलियों पर गिनती गिनो।" और शेष सब विद्यार्थियों से कहा "तुम लोग भी इसके साथ गिनो।" उन विद्यार्थियों ने कन उँगली से गिनना आरम्भ किया। उसके साथ-साथ सब विद्यार्थी कन उँगली से गिनने लगे। फिर एक दूसरे विद्यार्थी को खड़ा किया। उसने अंगूठे से गिनना आरंभ किया। उसकी देखा-देखी सब विद्यार्थियों ने अंगूठे से गिनना आरम्भ कर दिया।

किन्तु एक प्रथा सार्वजनिक प्रतीत होती है। अधिकतर लोग बायें हाथ की उँगलियों से गिनना आरंभ करते हैं। इसका कारण यह प्रतीत होता है कि पुराने ज़माने में हमारे पुरखे सदैव दाहिने हाथ में कोई-न-कोई शस्त्र रखा करते थे। इसलिए गिनने के लिए बायाँ हाथ ही खाली रहता था। इसी प्रथा का भग्नावशेष आजकल इस रूप में रह गया है।

हम लोगों की आजकल की संख्या-भाषा अधिकतर दशांशिक है। पर इस नियम के थोड़े-से अपवाद भी हैं। अंग्रेज़ी में १३ से लेकर आगे के सब शब्द नियमित हैं, जैसे—

Fourteen=4+10, Eighteen=8+10

किन्तु ११ और १२ अपवाद हैं क्योंकि Eleven और Twelve उस प्रकार नहीं बने हैं, जैसे १३, १४ इत्यादि। ऐसा प्रतीत होता है कि अंग्रेज़ी के ये दोनों शब्द जर्मन शब्दों Ein-lif और Zwei-lif से बने हैं। इनका अर्थ है १+१० और २+१०। हिन्दी में भी अधिकांश शब्द इसी प्रकार बने हैं, यथा—

तेरह =१०+३

चौबीस =२०+४

इन शब्दों में योग का सिद्धान्त निहित है, किन्तु कुछ शब्द वियोग सिद्धान्त पर भी आधृत हैं,; जैसे

१९ = १ कम २०

२९ = १ कम ३०

६९ = १ कम ७०

पॉइण्ट बॅरो (Point Barrow) एक स्थान है। वहाँ की एक उपजाति में १० के बदले २० को गिनती का आधार माना गया है। उनकी बोली के दो चार शब्दों के अर्थ यहाँ दिये जाते हैं—

१०—	ऊपरी भाग अर्थात् मनुष्य का ऊपरी भाग, दोनों हाथों की उँगलियां।
१४—	१५ से १ कम।
२०—	एक मनुष्य समाप्त हो गया।
२५—	एक मनुष्य समाप्त और दूसरे की ५।
३०—	एक मनुष्य समाप्त और दूसरे की १०।
४०—	दो मनुष्य समाप्त।

इससे यह नहीं समझना चाहिए कि हम लोगों के जीवन में ५, १० या २० के अतिरिक्त अन्य संख्याओं का महत्त्व है ही नहीं। हिन्दू-संस्कृति में ३ और ५ के अतिरिक्त ७ को भी शुभ माना गया है। बहुत-से धार्मिक कृत्यों में ७ लकीरें खींचते हैं या ७ दीये जलाते हैं। विवाह में अग्नि के ७ फेरे करते हैं। बहुत-से आयुर्वेदिक नुस्खों में तुलसी के ७ पत्ते या ७ काली मिर्चें या ७ इलायचियाँ पड़ती हैं। पता नहीं ७ की संख्या का महत्त्व सप्तऋषि मण्डल से लिया गया है या नहीं।

७ के पश्चात् ११ का भी बहुत महत्त्व है। कहावत है कि १ और १ ग्यारह होते हैं। हिन्दुओं में दो प्रकार के विवाह अभी तक प्रचलित हैं—७ ठौर का विवाह और ११ ठौर का विवाह। कहते हैं कि यदि घर से निकल रहे हों और कोई काना दिखाई दे जाय तो बड़ा अशगुन होता है। किन्तु यदि उसी समय ११ बार राम का नाम ले लिया जाय तो अशगुन का दोष मिट जाता है।

संख्याओं का यह महत्त्व तो सहचरण (Association) के कारण है। किन्तु अधिकांश भाषाओं में बहुत-से संख्यात्मक शब्दों के विशेष नाम भी होते हैं, जैसे अंग्रेजी में—Pair, Trio, Dozen, Score, Gross.

हिन्दी में भी इस प्रकार के कई शब्द हैं; जैसे जोड़ी, तिकड़म, चौकड़ी, पंजा, अट्ठा, दर्जन, कोड़ी।

इनमें से 'पंजा' और 'कोड़ी' को छोड़कर शेष शब्दों का १० से कोई प्रत्यक्ष सम्बन्ध नहीं है।

इस देश में बाज़ार में कुछ वस्तुएँ पंजे से बिकती हैं। आम, उपले, दीवाली के दीए और आँवले पंजों में बिकते हैं। आप इन वस्तुओं का भाव इसी प्रकार पूछते हैं कि "एक रुपये में कितने पंजे ?" एक बात इससे भी बड़े आश्चर्य की यह है कि इन वस्तुओं में १०० का अर्थ गिनती के १०० का नहीं होता अर्थात् १०० का अर्थ २० पंजे नहीं

होता। कहीं २६ पंजे, कहीं ३० पंजे और कहीं ३६ पंजे होता है ।* पश्चिमी उत्तर प्रदेश में उपलों का सौ ३६ पंजे का होता है। इस हिसाब से यदि आप ५० उपले मँगवाएँ तो आपको १८ पंजे अर्थात् ९० उपले मिलेंगे। इसका कारण यह रहा होगा कि पुराने समय में भिन्न-भिन्न गाँवों में कोई विशेष सम्पर्क नहीं रहता था। प्रत्येक गाँव अपने लिए अलग नाप-तौल नियत कर लेता था। उन दिनों कोई मानकीकरण (Standardisation) नहीं होता था। जब **दशमिक पैमाना** (Scale of ten) सब जगह चालू हो गया तो अधिकांश वस्तुओं ने तो उसे अपना लिया, किन्तु कुछ वस्तुओं में पुराने नाप-तोल ही चलते रहे।

बनारस के पास एक बाज़ार है खोजवाँ। उस एक ही बाजार में कुछ वर्ष पहले किसी दूकान पर ८० की तौल चलती थी, किसी पर ८६ की और किसी पर ९० की। एक दिन इन पंक्तियों के लेखक ने नौकर को गेहूँ लाने के लिए खोजवाँ भेजा। नौकर से कहा कि "२० सेर गेहूँ लेकर वहीं फटकवाकर साफ़ करा लेना और पनचक्की पर पिसवा लाना।" जब वह आटा लेकर घर आया तो कुल साढ़े चौदह सेर आटा निकला। नौकर से हिसाब माँगा। बड़ी देर में हिसाब समझ में आया। बात यह थी कि जिस दूकान पर उसने गेहूँ मोल लिया था, उस पर ९० की तौल थी। जहाँ पर उसने गेहूँ साफ़ कराया वहाँ पर ८६ की तोल थी। फटकने वालियों ने सेर पर आध पाव के हिसाब से अपनी मज़दूरी काट ली। इस प्रकार अढ़ाई सेर गेहूँ कम हो गया। शेष रहा साढ़े सत्रह सेर। गेहूँ लेकर वह पनचक्की पर गया। वहां ८० की तौल थी। अत: पनचक्की पर वह साढ़े सत्रह सेर गेहूँ फिर २० सेर के लगभग बैठा। इस पर पनचक्की वालों ने दो सेर प्रति मन के हिसाब से पिसाई काटी तो एक सेर गेहूँ पिसाई का कट गया। अब रहा साढ़े सोलह सेर। वह साढ़े सोलह सेर गेहूँ लेकर घर लौटा, किन्तु लेखक के घर पर १०० की तौल के बाट थे। अत: वह साढ़े सोलह सेर गेहूँ घर के बाटों से साढ़े चौदह सेर बैठा। नौकर को खोजवाँ इस विचार से भेजा था कि वहाँ कदाचित् माल सस्ता मिले, किन्तु लम्बी अवधि में सस्ती वस्तु ही महँगी पड़ती है।

तौलिया और अँगोछे अट्ठों में बिकते हैं। संतरों के दाम अधिकतर दर्जनों में बताये जाते हैं—एक रुपया दर्जन या अट्ठारह आने दर्जन। काग़ज दस्तों में बिकता है। यह तो हुई सामाजिक विनिमय-पद्धति। इसके अतिरिक्त व्यक्तिगत रूप से भी भिन्न-भिन्न व्यक्तियों के गिनने के ढंगों में अन्तर रहता है। आप किसी अपढ़ व्यक्ति को कुछ रुपये गिनने को दीजिए। वह चार-चार, पाँच-पाँच की ढेरियाँ लगा देगा। इकट्ठे

***वाराणसी में आम तथा नीबू प्राय: पंजे या गाही से बिकते हैं और सैकड़ा २६ गाही का याने १३० का होता है।**

८, १० भी गिनना उसके लिए कठिन है। डाक्टर कोनॅन्ट (Conant) लिखते हैं कि एक बार उन्होंने एक लड़के से ३ और ६ को गुणा करने को कहा। उसने अपने दाहिने हाथ की तर्जनी उँगली से बायें हाथ की उँगलियों पर १, २, ३ इस प्रकार गिना, फिर दुबारा १, २, ३,...गिना। फिर तिबारा १, २, ३,...गिना। इसी प्रकार छ बार गिना और बताया कि गुणन-फल १८ हुआ।

मान लीजिए कि आपने धोबी को ५६ कपड़े धोने के लिए दिये हैं। वह २५, २५ को दो बार गिनेगा और ६ अलग गिनेगा। तब कहेगा कि "दो पच्चीसी और ६ कपड़े हैं।" स्त्रियों को आप बहुधा कहते सुनेंगे कि चवन्नी के २ कम ४० पान आये या न्यौते में ३ ऊपर ५० सज्जन बैठे थे। उनकी संख्या-बुद्धि ५ या १० के अपवर्त्यों (Multiples) पर ही ठहरती है।

कुछ अशिक्षित व्यक्तियों की, विशेषकर पुराने ढंग की स्त्रियों की, संख्या-बुद्धि इतनी अविकसित रहती है कि वह सामान्य अंकों का जोड़ भी नहीं जानतीं। बचपन में, हमें याद है, बूढ़ी स्त्रियाँ पूछा करती थीं कि "१२ और ५ कितने हुए।" उत्तर में आप चाहे १७ कह दें चाहे अट्ठारह, उनके लिए एक ही बात है। यदि कभी १०० में से ३१ घटाना हो तो ये स्त्रियाँ पहले १०० गेहूँ गिनेंगी, फिर उनमें से ३१ गेहूँ गिनकर अलग कर देंगी। अन्त में शेष गेहूँ गिनकर बतायेंगी कि ६९ शेष रहे।

गणना-बुद्धि

उपरिलिखित पंक्तियों में हमने **संख्या-बुद्धि** की विवेचना की है। अब हम **गणना-बुद्धि** पर विचार करेंगे। संख्या-बुद्धि और गणना-बुद्धि में थोड़ा-सा अन्तर है। संख्या-बुद्धि को अंग्रेज़ी में Number Sense कहते हैं। **गणना-बुद्धि** को कहते हैं Sense of Counting। मान लीजिए कि आप किसी सिनेमा-घर जा रहे हैं। वहाँ यदि आपसे यह पूछा जाय कि सिनेमा में आसनों (Seats) से टिकट अधिक बिके हैं या कम तो आपको टिकटों या आसनों की गिनती करने की आवश्यकता नहीं है। आप सिनेमा भवन के अन्दर एक दृष्टि डालेंगे। यदि आपको कुछ आसन खाली दिखाई देंगे तो आप तुरन्त कहेंगे कि टिकट आसनों से कम बिके हैं। किन्तु यदि कोई आसन खाली न हो और कुछ दर्शक खड़े हुए दिखाई पड़ें तो आप तुरन्त कहेंगे कि आसनों से टिकट अधिक बिके हैं। इस निष्कर्ष पर पहुँचने में आपने अपनी संख्या-बुद्धि से काम लिया है। मान लीजिए कि आपसे यह पूछा जाय कि आज सिनेमा घर में कितने दर्शक आये हैं तो आपको दर्शकों की गिनती करनी ही पड़ेगी। एक-एक करके दर्शकों को गिनना पड़ेगा, अर्थात् आप अपनी गणना-बुद्धि से काम लेंगे।

संख्या-बुद्धि में इस बात का भान नहीं होता कि किसी संग्रह में कौन-सी वस्तु पहली है, कौन-सी दूसरी। परन्तु गणना-बुद्धि में यह बात आवश्यक है। मान लीजिए कि आप यह कहना चाहते हैं कि आज कक्षा में पाँच विद्यार्थी देर से आये, तो आप अपने हाथ की पाँच उँगलियाँ दिखाकर पाँच का निर्देश करेंगे। किन्तु यदि आप किसी विद्यार्थी से यह कहना चाहते हैं कि परीक्षा में "तुम्हारा पाँचवाँ स्थान आया है", तो आप यदि उँगलियों से इस बात का संकेत करना चाहें तो आप एक-एक करके बारी-बारी से एक, दो, तीन, चार, पाँच उँगलियाँ उठायेंगे। पहली दशा में आपने अपनी संख्या-बुद्धि से काम लिया था, दूसरी दशा में आप अपनी गणना-बुद्धि का उपयोग कर रहे हैं।

एक उदाहरण और लीजिए। जब कंस को यह पता चला था कि वसुदेव-देवकी के पहला बच्चा हुआ है तो उसने उसकी हत्या करना अस्वीकार कर दिया। क्योंकि उसने सोचा कि उसका संहारक तो आठवाँ पुत्र होगा, न कि पहला। किन्तु जब नारदजी उसके पास आये तो उन्होंने एक वृत्त में आठ गुट्टे रखकर कंस से पूछा कि "बता इसमें आठवाँ गुट्टा कौन-सा है।" कंस के पास इसका कोई उत्तर न था। वृत्त में कोई भी गुट्टा पहला हो सकता है और कोई भी आठवाँ। कंस अपनी गणना-बुद्धि का उपयोग कर रहा था, किन्तु नारदजी चाहते थे कि वह अपनी संख्या-बुद्धि से काम ले।

जिस प्रकार हमारी संख्यात्मक बुद्धि में सबसे पहला स्थान १ का है, उसी प्रकार हमारी गणनात्मक बुद्धि में पहला स्थान 'प्रथम' का है। हमारे जीवन में प्रथम स्थान ईश्वर को दिया गया है। प्रत्येक शुभ कार्य के प्रारंभ में ईश-वंदना की जाती है। हमारी दिनचर्या में भी शरीर-शुद्धि के पश्चात् प्रथम स्थान सन्ध्या-पूजन का है। इस प्रथम शब्द का महत्त्व इतना बढ़ गया है कि अधिकांश प्रसंगों में 'प्रथम' उत्तम का ही पर्याय समझा जाता है। अंग्रेजी में First class (फर्स्ट क्लास) का मतलब Best class (बेस्ट क्लास) ही होता है। जब हम किसी के प्रदर्शन की प्रशंसा करते हैं तो कहते हैं, His performance was A_1 अर्थात् उसका प्रदर्शन नम्बर १ था। यहाँ A_1 या नम्बर १ का अर्थ है बहुत अच्छा या प्रशंसनीय। हमने लोगों को इस प्रकार कहते सुना है कि "अमुक आदमी नम्बर एक है या अमुक माल नम्बर एक है।" इन स्थलों पर नम्बर १ Good Quality अर्थात् उत्तम श्रेणी का ही द्योतक है।

सृष्टि के निर्माण से पहले केवल ब्रह्म का ही अस्तित्व रहा। "एकं ब्रह्म द्वितीयो नास्ति"—इस श्लोक में ब्रह्म की एकता का निर्देश किया गया है। जब हम 'एक' या 'प्रथम' का उपयोग ब्रह्म, ईश्वर या परमात्मा के लिए करते हैं तो उसमें अद्वितीयता का भाव भी सन्निहित रहता है, अर्थात् ब्रह्म अतुलनीय है, अनुपमेय है, अद्वितीय है। यह तो

हुई एक, अद्वितीय, पहले या प्रथम की महिमा। हमारे जीवन में द्वितीय या दूसरे— इन शब्दों का भी महत्त्व है। इन शब्दों का उपयोग कई अर्थों में होता है। अंग्रेजी में प्रथम और द्वितीय के समानार्थी शब्द हैं First और Second। इनके अतिरिक्त दो शब्द और भी प्रयोग में आते हैं—प्राइमरी और सेकंडरी। इन शब्दों का अर्थ केवल पहला और दूसरा नहीं है, बल्कि प्रधान और गौण है। यह तो हुआ इन शब्दों का व्युत्पत्तिलभ्य अर्थ। द्वितीय का सीधा-सा अर्थ है दूसरा। विश्व में तीन प्रकार की संख्याएँ होती हैं—

१. गणनात्मक संख्याएँ—(Cardinal numbers) जैसे—एक, दो, तीन।
२. क्रम-संख्याएँ—(Ordinal numbers) जैसे—पहला, दूसरा, तीसरा।
३. गुणन-संख्याएँ–(Multiplicative numbers) जैसे–दुगुना, तिगुना, चौगुना।

पहला और दूसरा हम किसे कहें, यह हमारी गणना विधि-पर निर्भर है। मान लीजिए कि किसी सड़क पर एक पुस्तकालय और एक चिकित्सालय है। अब यदि आपसे कोई यह पूछता है कि 'उस सड़क पर पहले चिकित्सालय पड़ता है या पुस्तकालय' तो आप इस प्रश्न का कोई असंदिग्ध उत्तर नहीं दे सकते। एक दिशा में चलने पर चिकित्सालय पहले पड़ेगा, दूसरी दिशा में चलने पर पुस्तकालय।

'दूसरे' का एक भिन्न अर्थ भी होता है, जिसका पर्याय अंग्रेजी शब्द Other है। 'दि अदर साइड ऑफ दि पिक्चर' अर्थात् चित्र का दूसरा पक्ष। इसका यह अर्थ हुआ कि चित्र का एक पक्ष तो आप देख ही रहे हैं या देख चुके हैं, 'शेष दूसरा पक्ष।'

संख्या तीन का भी हमारे जीवन में विशेष स्थान है। प्रतियोगिता में पहले तीन स्थानों के पात्रों को ही पारितोषिक मिलता है। खेल में प्रत्येक विषय में खिलाड़ियों को तीन प्रयत्नों की ही अनुज्ञा मिलती है। मारवाड़ियों के कुछ परिवारों में तीन फेरों में विवाह होता है। उन लोगों में कहावत है—'पहले फेरे बाप की बेटी, दूसरे फेरे चचा की भतीजी, तीसरे फेरे बाई हुई पराई।' राजा बलि तीन चरण भूमिदान में राजा से रंक हो गये। सुदामा के तीन मुट्ठी तन्दुल में तीनों लोकों का वारा-न्यारा हो गया। कुछ दिन हुए इस देश के कुछ स्कूलों में यह नियम था कि जो विद्यार्थी लगातार तीन वर्ष तक किसी कक्षा में फेल होगा वह फिर जीवन भर कभी उस कक्षा में नहीं बैठ सकेगा।

शब्द 'तीसरे' अच्छे और बुरे दोनों अर्थों में आता है। अंग्रेजी का एक मुहावरा है Thrice Blessed जिसका अर्थ है बहुत भाग्यशाली। किन्तु इसके विपरीत Third Degree अथवा Third Rate का अर्थ होता है—'निम्नकोटि का।' हिन्दी

में भी इस प्रकार के कई मुहावरे हैं—'तीसरा प्रहर', 'दोहरी मार तेहरी मार', 'ढाक के तीन पात' और 'तेरह-तीन' आदि।

अब हम अपने विषय पर लौटकर आते हैं। किसी रास्ते चलते की दृष्टि में तो संख्या-बुद्धि और गणना-बुद्धि में कोई अन्तर नहीं होता, किन्तु वास्तव में इन दोनों भावों में महान् अन्तर है। अभी हम तीन प्रकार की संख्याओं का उल्लेख कर चुके हैं—गणना-संख्याएँ, क्रम-संख्याएँ और गुणन-संख्याएँ। इन तीनों प्रकार की संख्याओं का सम्बन्ध केवल गणना-बुद्धि से ही है। संख्या-बुद्धि से इनका तनिक भी संबन्ध नहीं। संख्या-बुद्धि में केवल संगति (Correspondence) का भाव रहता है। उसमें गिनती की कल्पना का समावेश ही नहीं है। मान लीजिए कि हम यह कहते हैं कि मनुष्य के उतनी ही आँखें होती हैं जितने हाथ, तो इस वाक्य में आँखों की संख्या का पता नहीं चलता। यदि हाथ दो हैं तो आँखें भी दो ही होंगी। यदि हाथ चार हैं तो आँखें भी चार होगी। अतः हाथों और आँखों में संगति है।

संगति कई प्रकार की होती है। जो उदाहरण हमने लिया है वह **एकैकी संगति** (One-one Correspondence) का है। इसके अतिरिक्त एक-दो संगति और एक-तीन संगतियाँ भी होती हैं। प्रत्येक मनुष्य के दो टाँगें होती हैं। यदि हमें पता है कि किसी विश्वविद्यालय में कितने मनुष्य रहते हैं तो उस संख्या को दुगुना करने से यह पता चल जायगा कि विश्वविद्यालय में कितनी टाँगें हैं। यह एक-दो संगति का उदाहरण हुआ। परन्तु एक-दो संगति के स्थान के लिए मनुष्यों की गिनती करने की आवश्यकता नहीं है। विश्वविद्यालय में मनुष्यों की संख्या कितनी ही हो, बिना गिने ही हमें यह विश्वास है कि टाँगों की संख्या उससे दुगुनी होगी क्योंकि हम जानते हैं कि मनुष्यों और टाँगों में एक-दो का सम्बन्ध है।

प्राचीन काल के लोगों में संख्या-बुद्धि तो कुछ थी भी, किन्तु गणना-बुद्धि सर्वथा नगण्य थी। जब कोई कहता था कि "मैं बाजार से पाँच आम लाया हूँ" तो उसका मतलब गिनती के पाँच नहीं होता था। उसके मस्तिष्क में संख्या पाँच की कोई पृथक कल्पना नहीं थी। पाँच से उसे हाथ की पाँच उँगलियों का ही भान होता था। उसकी उपचेतना में हाथ की उँगलियों और संख्या पाँच में सांगत्य था। उँगलियों से पृथक संख्या ५ का कोई अस्तित्व नहीं था। यही कारण है कि संसार की बहुत-सी भाषाओं में पाँच और हाथ के लिए एक ही शब्द का प्रयोग होता है और इसीलिए विश्व की बहुत-सी पुरानी बोलियों में संख्या-सूचक शब्दों का अभाव है। वे लोग उन्हीं संख्याओं के लिए शब्द बनाते थे जिनकी दृष्टिगोचर वस्तुओं से संगति स्थापित कर सकें। बाह्य वस्तुओं में उन्हें प्रायः अधिक-से-अधिक सात वस्तुएँ (**सप्तऋषिमण्डल**) दिखाई देती थीं। परन्तु

अपने शरीर के अंगों पर ध्यान देने से उनकी पहुँच बीस तक हो जाती थी, क्योंकि मनुष्य के हाथों और पैरों में सब मिलाकर बीस उँगलियाँ होती हैं। इसीलिए संसार की बहुत-सी बोलियों की गिनती यदि पाँच या सात से आगे जाती है तो बीस पर रुक जाती है।

पुराने समय में अभिलेख (Record) रखने के बहुत-से ढंग थे। कुछ लोग कौड़ियों या कंकड़ों से तारीखें गिना करते थे। प्रति सवेरे उठते ही एक कौड़ी कोने में रख देते थे। जब किसी ने आकर तिथि पूछी तो कौड़ियाँ गिनकर बता दीं। जब कौड़ियाँ २८ या ३०,जितने का भी महीना हो, उतनी हो गयीं, तो कोने में से उठाकर फिर यथास्थान रख दीं। कुछ लोग डोरे में गाँठें लगाकर या दीवार पर लकीरें खींच कर तारीखें गिना करते थे।

पाठकों ने पढ़ा होगा कि जब रॉबिसन क्रूसो अकेला एक टापू में रहा था तो प्रति-दिन एक लकड़ी के डंडे पर एक एक खरोंच बना दिया करता था। जब कभी वह यह जानना चाहता कि उसे टापू में रहते हुए कितने दिन बीत गये तो उन खरोंचों को गिन लिया करता था। इस उदाहरण में संख्या-बुद्धि और गणना-बुद्धि दोनों का सम्मिश्रण है। जब तक रॉबिसन क्रूसो बिना गिने यह समझता था कि उसे टापू में रहते हुए उतने ही दिन हुए हैं, जितनी खरोंचें उसने लकड़ी पर बनायी हैं तब तक वह अपनी संख्या-बुद्धि से काम ले रहा था। परन्तु जब वह उन लकीरों को गिनने लगता था तब वह अपनी गणना-बुद्धि का प्रयोग करता था।

जर्मनी में गिनती के लिए प्राचीन लोग खड़िया से चिह्न बना लिया करते थे। कहीं-कहीं छोटे तिनकों से भी गणना की जाती थी। मैडागास्कर द्वीप में फ़ौज के सिपाहियों की गिनती करने का एक अद्भुत ढंग था। समस्त सिपाही एक-एक करके अपने सरदार के सामने से होकर जाते थे। सरदार प्रत्येक सिपाही पीछे एक कंकड़ ज़मीन पर डाल देता था। जब दस कंकड़ों का एक ढेर बन जाता था, तो उस ढेर को हटाकर उसके बदले एक कंकड़ एक नये स्थान पर रख दिया जाता था। जब दस ढेर हो जाते थे तो सौ का निर्देश करने के लिए एक कंकड़ एक तीसरे स्थान पर रख दिया जाता था। इसी प्रकार सारी फ़ौज की गणना हो जाती थी।

इसी ढंग का एक उदाहरण अमेरिका के एक हब्शी देश में मिलता है। मोमक्लाई एक हब्शी क़बीले का नाम है। मान लीजिए कि उस क़बीले की एक हब्शिन किसी दुकानदार से सौदा उधार लेती है। वह प्रत्येक सौदे की स्मृति में एक डोरी में गाँठ लगा लेती है। जब हिसाब करने का दिन आता है तब वह अपनी डोरी दुकानदार के पास ले जाती है। दुकानदार गाँठों की गिनती करके उसे दाम बताता है। यह हिसाब उसकी समझ में नहीं आता। तब दुकानदार एक नये ढंग से हिसाब समझाता

है। वह एक खपच्ची ले लेता है और प्रत्येक गाँठ के लिए खपच्ची में एक खरोंच बना देता। प्रत्येक खरोंच का मतलब हुआ एक डाइम (इस क़बीले के एक पुराने सिक्के का नाम)। जब डाइमों का एक डालर बन जाता है तब खपच्ची में एक लम्बी खरोंच बनायी जाती है। इसी प्रकार जब पाँच लम्बी खरोंचें बन जाती हैं तो पाँच डालर का संकेत करने के लिए खपच्ची में एक डोरी बाँधी जाती है। अब मान लीजिए कि खपच्ची में तीन डोरियाँ बँधी हैं, तो स्त्री की समझ में आ जाता है कि पन्द्रह डालर तो हो ही गये। इन पन्द्रह डालरों का उसने पहले भुगतान कर दिया। अब मान लीजिए कि तीन लम्बी खरोंचें बची हैं। तो उसने तीन डालर और दे दिये। यदि अन्त में दो छोटी खरोंचें शेष रह गयीं तो उसने दो डाइम देकर हिसाब चुकता कर दिया। इस प्रकार दस-पाँच डालर का हिसाब भी घंटों में हो पाता था।

जब तक सिक्के नहीं चले थे बाज़ार का समस्त लेन-देन अदला-बदली (Barter) अर्थात् विनिमय से हुआ करता था। भारत में इसका एक प्राचीन नाम था 'भाण्ड-प्रति-भाण्ड' अर्थात् 'बर्तन के बदले बर्तन'। इस पद्धति में एक वस्तु के बदले में एक विशिष्ट नाप की दूसरी वस्तु दी जाती थी, जैसे एक टोपी का मूल्य पाव भर गेहूँ अथवा सौ उपलों का मूल्य सेर भर चावल। बाज़ार का सब कारोबार इसी भाँति चलता था। इस प्रकार के लेन-देन में थोड़ी-सी ही गिनती की आवश्यकता पड़ती थी। यह भी एक कारण था कि प्राचीन लोगों की गणना-बुद्धि विकसित न हो पायी। अधिकतर लोग हाथों की उँगलियों से ही गिना करते थे। इस प्रकार तो वह दस तक या अधिक से अधिक बीस तक ही गिन सकते थे। किन्तु कुछ लोगों में उँगलियों द्वारा गणना करने की पद्धति का इतना विकास हो गया था कि उँगलियों की सहायता से ही वे लोग सौ तक गिन लेते थे।

इसकी कई विधियाँ थीं। एक विधि यह थी कि उँगलियों के बीच के गड्ढों को इकाइयों में गिना जाय और जोड़ों को दहाइयाँ माना जाय। इस प्रकार यदि ३४ कहना हो तो उँगलियों के तीसरे जोड़ और चौथे गड्ढों पर उँगली रखेंगे। कुछ पुराने क़बीलों में सौदा गुप्त रूप से करने का रिवाज था। दो व्यक्ति, जो आपस में सौदा करना चाहते थे, अपना एक-एक हाथ कपड़े के नीचे रख देते थे। कपड़े के नीचे ही उँगलियों से एक दूसरे के हाथों पर संकेत करके अपना-अपना मतलब समझा देते थे। पहले एक ने एक प्रस्ताव किया। दूसरे ने उसमें कोई संशोधन किया। तब फिर पहले ने कुछ बढ़ाया। दूसरा हिचकिचाया। इसी प्रकार कपड़े के नीचे ही सारा सौदा होता था। इस सांकेतिक भाषा में वे लोग अपने विचार इतने स्पष्ट रूप में रख सकते थे मानो सौदा मौखिक रूप में ही हो रहा हो।

अभी तक तो जितने उदाहरण हमने दिये हैं, उन सब में सरल गिनती का ही भाव निहित था। प्रत्येक वस्तु एक ही संख्या का निर्देश करती थी। उनमें स्थिति-मान (Positional value) का कोई भाव नहीं था। किन्तु जो उदाहरण हमने अभी दिया है उसमें स्थिति-मान का भी समावेश है। मान लीजिए कि हम उँगलियों के जोड़ों और गड्ढों से गिनती गिन रहे हैं। यदि कोरी प्राचीन गणना से ही काम लें तब तो इस प्रकार गिनेंगे—१, २, ३, ४, ५, ६......। किन्तु यदि स्थिति मान का भी प्रयोग करें तो हम प्रत्येक गड्ढे को १ और प्रत्येक जोड़ को १० मानेंगे। इस प्रकार हम १० उँगलियों से १०० तक की गिनती गिन सकते हैं। यदि स्थिति-मान से काम न लें तो उँगलियों के जोड़ों और गड्ढों से हम अधिक से अधिक २० तक की गिनती ही गिन सकेंगे।

स्थिति-मान का यह अर्थ है कि प्रत्येक स्थान का मान केवल एक संख्या ही न हो, वरन् उसकी स्थति से एक विशिष्ट संख्या का निर्देश हो। या यों कहिए कि पुरानी गणना तो केवल यौगिक (Additive) ही होती थी। यदि बराबर-बराबर तीन बिन्दु रख दिये जायँ तो उनका अर्थ केवल ३ ही होगा। परन्तु आधुनिक गणना गुणनात्मक (Multiplicative) भी है, यौगिक भी। आधुनिक पद्धति में यदि हम पास-पास तीन बिन्दु रखें तो दाहिनी ओर के बिन्दु का अर्थ होगा १ दूसरे का अर्थ होगा १० और तीसरे का १००।

इसमें कोई संदेह नहीं कि स्थिति-मान की संकेत-लिपि पहले-पहल हिन्दुओं ने ही निकाली थी। भारत से यह लिपि अरब पहुँची। अरब वालों से यूरोप वासियों ने सीखी। आज हम लोग इस बात के इतने अभ्यस्त हो गये हैं कि हमें यह ध्यान भी नहीं आता कि गिनती लिखने की इसके अतिरिक्त और भी कोई पद्धति हो सकती है। आधुनिक पद्धति में जब हम ४७ लिखते हैं तो उसका अर्थ होता है—

$$४ \times १० + ७ \times १$$

अर्थात् ४ का अर्थ है ४० और ७ का अर्थ है ७। उपरिलिखित दोनों गुणनफलों (४×१० और ७×१) को जोड़कर हम ४७ बनाते हैं। इस प्रकार जैसा हम ऊपर कह चुके हैं, गिनती लिखने की आधुनिक पद्धति में यौगिक और गुणनात्मक दोनों प्रणालियों का समावेश है। कभी-कभी पुराने ढंग के वृद्ध आजकल के बालकों को भ्रम में डाल देते हैं। ये लोग छोटे बच्चों से प्रश्न करते हैं कि '१०० में पहले शून्य का क्या मान है और दूसरे शून्य का क्या मान है।" बच्चा बेचारा अपनी अविकसित बुद्धि के अनुसार उत्तर देता है कि दोनों शून्यों का मान है शून्य। तब वृद्ध महोदय कहते हैं "बिलकुल ग़लत। देखो, यदि हम पहले शून्य को हटा दें तो १०० के स्थान पर १० रह

जायेंगे। अतः पहले शून्य का मान हुआ ९०। अब यदि हम दूसरे शून्य को भी हटा दें तो १० का १ रह जायगा। अतएव दूसरे शून्य का मान हुआ ९।"

इस प्रकार की युक्ति बिलकुल अतर्क-संगत है। मान लीजिए कि इस युक्ति का प्रयोग हम संख्या ४७ पर करते हैं। अब ४७ में से ७ को हटाने से ४ शेष रहता है। अतः ७ का मान हुआ ४३। इसी प्रकार ४ को हटाने से ७ शेष रहता है। इसलिए ४ का मान हुआ ४०। इस प्रकार ४३ और ४० जोड़ने से ४७ का मान ८३ हो जाता है। यह तर्क भ्रमोत्पादक है। ४ का मान तो वास्तव में ४० है, किन्तु ७ का मान केवल ७ ही है। यदि ४७ में से ७ को हटायें तो ७ के स्थान पर शून्य रखना पड़ेगा, क्योंकि ७ का स्थान इकाई का है। ४ का स्थान दहाई का है। ४ दहाई से इकाई के स्थान पर नहीं आ सकता, इसलिए हम यह नहीं कह सकते कि ४७ में से ७ हटाने से ४ बच रहता है। ७ के हटाते ही उसके स्थान पर शून्य आविर्भूत हो जायगा और ४० उपलब्ध होगा। यहाँ ४ का अर्थ केवल ४ नहीं है वरन् ४ संख्या ४० का संकेत है। हमारी आधुनिक शिक्षा-प्रणाली सांकेतिक है।

संख्यांक

स्वाभाविक बात है कि बच्चा पहले बातों का समझना सीखता है, तत्पश्चात् बोलना आरंभ करता है। उसके कई वर्ष बाद इस योग्य होता है कि उसे लिखना सिखाया जाय। इसी प्रकार मानव के इतिहास में मनुष्य ने सर्वप्रथम बोलना आरम्भ किया। उसके बहुत समय पीछे लिखने का प्रयत्न किया होगा। जहाँ तक लिखित अभिलेख प्राप्त हैं, उनसे पता चलता है कि सर्वप्रथम संख्यांक सीधी रेखाओं से निरूपित किये जाते थे। सबसे पुराने चिह्न मिश्र में मिलते हैं जो प्रायः ३४०० ई० पू० के बताये जाते हैं। मैंसोपोटामिया के संख्या-चिह्न कदाचित् ३००० ई० पू० के हैं। भारत और चीन के चिह्न ३०० ई० पू० के आस-पास के हैं। इन सब चिह्न-पद्धतियों में एक बात सामान्य रूप से पायी जाती है। वह यह कि १ से ९ तक के संख्या-चिह्न एक पद्धति के होते थे, किन्तु १० के लिए एक विशेष चिह्न होता था।

मैंसोपोटामिया और उसके आस-पासके प्रदेशों में संख्यांकों के लिए खड़ी रेखाएँ खींची जाती थीं। कदाचित् यह चिह्न हाथ की उँगलियों से ही लिये गये थे। रोमन संख्यांक आज भी प्रायः उसी प्रकार लिखे जाते हैं—

I, II, III, IV, V, VI, VII, VIII, IX, X

इनमें से प्रथम तीन चिह्नों में तो योग-सिद्धान्त स्पष्ट दिखाई देता है। किन्तु IV और IX में वियोग-सिद्धान्त का प्रयोग किया गया है। IV का अर्थ है ५ से १ कम।

इसी प्रकार IX का अर्थ है १० से १ कम। V—यह चिह्न कदाचित् खुले पंजे का विकृत रूप है। इसी प्रकार X में दो पंजे ऊपर-नीचे जुड़े हुए हैं।

पूर्वी एशिया में संख्यांकों के लिए पड़ी रेखाओं का प्रयोग किया जाता था—

— = ≡

ये रेखाएँ कदाचित् डंडों की आकृतियों के समान खींची गयी हैं जो पृथ्वी पर अथवा मेज़ पर पड़े हों। आज भी हमारे नागरी के संख्यांकों में इन डंडों की आकृति स्पष्ट दिखाई देती है और प्रत्येक संख्यांक में उतने ही डंडे दृष्टिगोचर होते हैं, जितनों को उक्त संख्यांक निरूपित करता है। तनिक इन चिह्नों पर विचार कीजिए—

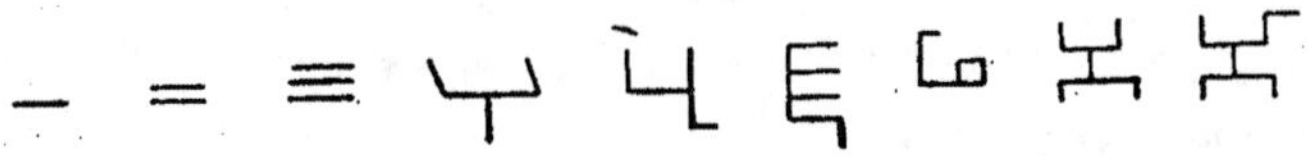

संख्यांकों के लिए पड़ी रेखाओं का प्रयोग।

अव इन चिह्नों की तुलना नागरी के वर्तमान संख्यांक-चिह्नों से कीजिए—

१, २, ३, ४, ५, ६, ७, ८, ९

इन चिह्नों में डंडों के रूप स्पष्ट दिखाई देते हैं। चिह्नों के रूपों में यह विकार इसलिए हुआ कि लिखने में कलम बार-बार उठाने का प्रयत्न न करना पड़े। यह मनष्य का स्वभाव है। इसीलिए कुछ समय पश्चात् पड़ी और खड़ी रेखाओं ने वक्रों का रूप धारण कर लिया होगा।

इसमें सन्देह नहीं कि शून्य के चिह्न का आविष्कार सबसे पहले हिन्दुओं ने किया था, क्योंकि यह चिह्न सर्वप्रथम उन्हीं की प्राचीन पुस्तकों में पाया गया था। यद्यपि आज निश्चित रूप से यह कहना कठिन है कि हिन्दू गणितज्ञों में से सबसे पहले शून्य का प्रयोग किसने किया था। इसी शून्य के चिह्न से संख्यांक-पद्धति की आधुनिक दशमिक प्रणाली निकली, जो आज प्रायः समस्त सभ्य संसार में फैल गयी है। इस स्थान पर भिन्न-भिन्न संख्यांक-पद्धतियों की तुलना अनुपयुक्त न होगी।

यूरोपीय :	1	2	3	4	5	6	7	8	9	0
अरबी :	١	٢	٣	٤	٥	٦	٧	٨	٩	٠
देवनागरी :	१	२	३	४	५	६	७	८	९	०

बब्लिन देश में मिट्टी का प्राचुर्य था। अतः उस प्रदेश के निवासी मिट्टी पर ठप्पा मारकर उसे धूप अथवा भट्टी में पकाया करते थे और इस प्रकार अपने संख्या-चिह्न बनाते थे। इन लोगों की संख्यांक-पद्धति का आधार ६० था, यद्यपि ये लोग १० के

लिए भी विशेष चिह्न बनाते थे और इन लोगों में कुछ अंकों के लिए दो-दो चिह्न प्रचलित थे, जैसे—

१ : V अथवा)

१० : < अथवा 

इन लोगों के कुछ अन्य चिह्न इस प्रकार हैं—

V > = १००

VV<< << < V ◡ $= ६० + ६० + १० + १० + १० + १० + १० + १ + \frac{१}{२}$
$= १७१\frac{१}{२}$

))  ◡ $= ६० + ६० + १० + \frac{३}{४} = १३०\frac{१}{२}$

बबिलन देश के संख्यांक-चिह्न। इस प्रदेश के संख्यांक-चिह्नों में एक विशेषता यह थी कि जो चिह्न १ को निरूपित करता था वही चिह्न ६० अथवा ३६०० अथवा $६०^{४}$ को भी निरूपित करता था। यह संदर्भ से ही पता चलता था कि किस स्थान पर उक्त चिह्न से लेखक का तात्पर्य कौन-सी संख्या से है। साधारणतया इन लोगों की संख्यांक-पद्धति में योग-सिद्धान्त का ही प्रयोग होता था। किन्तु कहीं-कहीं पर वियोग-सिद्धान्त भी काम में आता था, जैसे—

 V >))) = २० — ३ = १७

मिस्र के सांकेतिक चिह्न

मिस्र की भाषा में साधारणतया दाहिनी से बायीं ओर लिखा जाता था, किन्तु और देशों के निवासियों की भाँति ये लोग भी कभी-कभी संख्यांक बायीं से दाहिनी ओर लिखा करते थे। यहाँ उक्त प्रदेश के कुछ सांकेतिक चिह्न दिये जाते हैं। इनके १ से १० तक के चिह्न इस प्रकार के थे जो चित्र ४ की प्रथम पंक्ति में दृष्टिगोचर होते हैं।

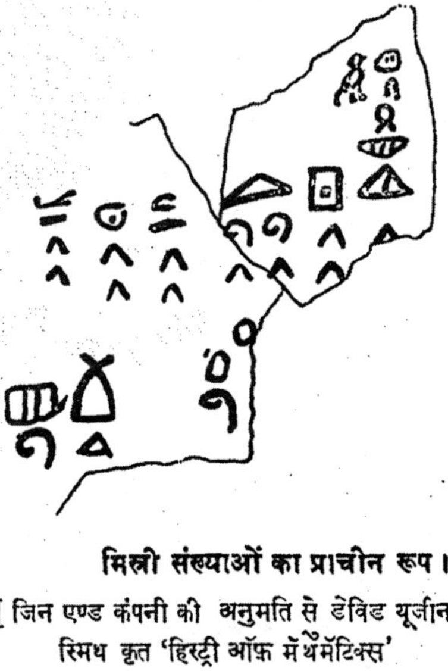

मिस्री संख्याओं का प्राचीन रूप।

[जिन एण्ड कंपनी की अनुमति से डेविड यूजीन स्मिथ कृत 'हिस्ट्री ऑफ़ मॅथॅमॅटिक्स' से प्रत्युत्पादित।]

ये लोग भी १० और उसके घातों (Powers) के लिए विशेष चिह्न निर्धारित करते थे। इनकी बड़ी संख्याओं के कुछ चिह्न चित्र ४ की तीसरी पंक्ति में दिये गये हैं।

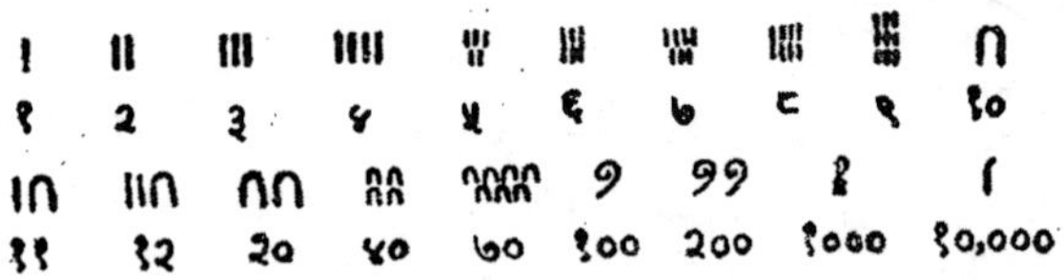

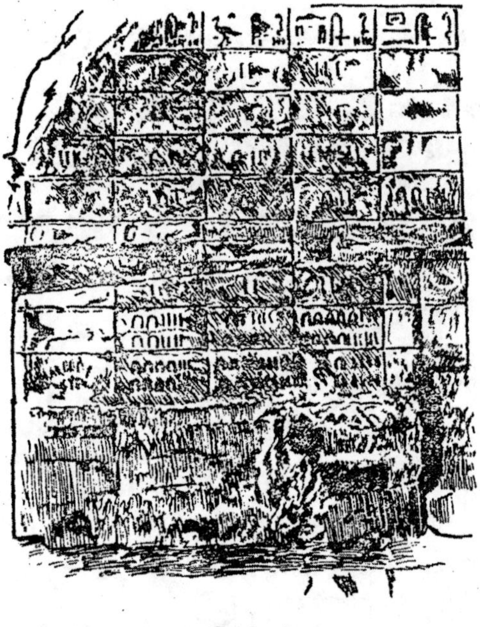

मिस्री संख्यांक।

[जिन एण्ड कंपनी की अनुमति से डेविड यूजीन स्मिथ कृत 'हिस्ट्री ऑफ़ मॅथॅमॅटिक्स' से प्रत्युत्पादित।]

यूनानियों की संख्यांक-पद्धति भी १० तक चलती थी। उसके आगे उन्हीं चिह्नों की पुनरावृत्ति होती थी। १० के लिए उनके पास कई चिह्न थे। साइप्रस और क्रीट वाले १० के लिए एक पड़ी रेखा का प्रयोग करते थे।

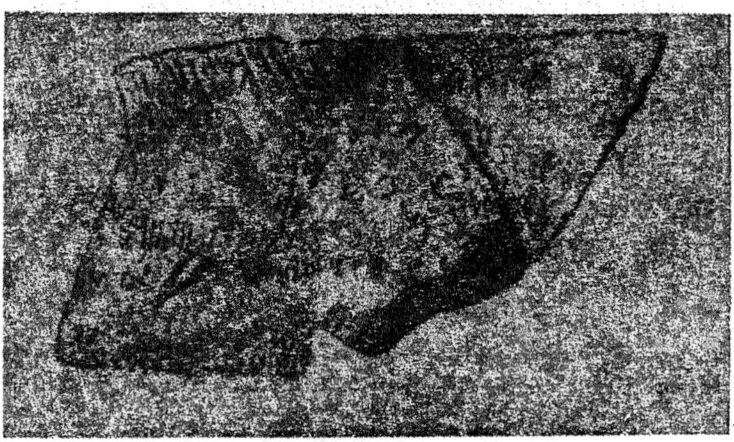

साइप्रस के प्राचीन संख्यांक।

[जिन एण्ड कंपनी की अनुमति से डेविड यूजीन स्मिथ कृत 'हिस्ट्री ऑफ़ मैथेमैटिक्स' से प्रत्युत्पादित।]

अन्तिम दो पंक्तियों में ६ का संख्यांक (||| |||) दो बार आया है।

साइप्रस के प्राचीन संख्यांक।

[जिन एण्ड कंपनी की अनुमति से डेविड यूजीन स्मिथ कृत 'हिस्ट्री ऑफ़ मैथेमैटिक्स' से प्रत्युत्पादित।]

यह ऊपर के अपखण्ड का निचला भाग है। पहली पंक्ति में संख्यांक ४ (||||) दिया है और सबसे निचली पंक्ति से ऊपर वाली में संख्यांक १४ (||||—)

यह अपखण्ड साइप्रस के एक मन्दिर के भग्नावशेष में पाया गया है और न्यूयॉर्क के एक संग्रहालय में सुरक्षित है।

क्रीट के निवासी १०० के लिए एक वृत्त और १००० के लिए एक समचतुर्भुज (Rhombus) बनाते थे।

बहुत-से प्रदेशों में बड़ी संख्याएँ इंगित करने के लिए शब्दों का प्रयोग किया जाता था। कुछ समय पश्चात् शब्दों का स्थान उनके पहले अक्षर ले लेते थे। यूनानियों की पद्धति इस प्रकार थी —

संख्या	शब्द	चिह्न
५	II ENTE	II
१०	Δ EKA	Δ अथवा o
१००	HEKATON	H
१०००	XI Λ IOI	X
१००००	MYPIOI	M

कभी-कभी इन चिह्नों को मिलाकर संयुक्त रूप दे दिया जाता था, जैसे—

५०	𐅄	अर्थात्	५×१०
५००	𐅅	अर्थात्	५×१००
५०,०००	𐅇	अर्थात्	५०×१०००

यह संख्यांक-पद्धति कदाचित् बहुत पुरानी है, किन्तु अभिलेख केवल तीसरी शताब्दी पूर्वेसा के ही मिलते हैं।

हिब्रू संख्यांक

यूनानियों की भाँति हिब्रुओं ने भी एक आक्षरिक संख्यांक-पद्धति बनायी थी। संख्या ४०० तक पहुँचते-पहुँचते उनकी वर्णमाला समाप्त हो गयी तो उन्होंने ४०० और १०० के चिह्नों को मिला कर ५०० का चिह्न बनाया। इसी प्रकार वे लोग ९०० तक के संकेत बना गये। बाद के अन्य विद्वानों ने ५०, ८०, ९० इत्यादि के संकेत शब्दों के अन्तिम अक्षर लेकर ५००, ८००, ९०० इत्यादि के चिह्न बना लिये। उक्त चिह्नों की सारणी इस प्रकार की होगी—

हिब्रुओं के आक्षरिक संख्यांक।

द्रष्टव्य—Encyclopaedia Britannica, Fourteenth Edition (1929), Vol. 16, P. 612.

रोमन संख्यांक

रोमन संख्यांक-पद्धति खड़ी रेखाओं को छोड़कर केवल चार चिह्नों का प्रयोग करती है—

V X L C

इनमें से पिछले दोनों चिह्नों के उद्‌गम का ठीक-ठीक पता नहीं चलता। संभव है कि L इन दो चिह्नों ⊥, ↓ का ही विकृत रूप हो। किन्तु इस अक्षर को संख्या ५० का निरूपण करने के लिए क्यों चुना गया, इसका कारण समझ में नहीं आता। अक्षर C संभव है यूनानी अक्षर θ (थीटा) का विकृत रूप हो जो संख्या १०० के लिए निर्धारित किया गया था। हो सकता है कुछ समय पश्चात् उक्त चिह्न अंग्रेजी सेंट (सेंटम) के कारण C के रूप में आ गया हो। इन चिह्नों के अतिरिक्त एक अक्षर M भी काम में आता है जो १००० का निरूपण करता है। यह कदाचित् यूनानी शब्द मिल (Mill) का द्योतक है, जिसका अर्थ १००० है।

रोमन शिलालेखों से एक दूसरी संख्यांक-पद्धति का भी पता चलता है, जिसमें एक ही चिह्न की बार-बार पुनरावृत्ति की जाती है। इस पद्धति के कुछ संख्यांक यहाँ दिये जाते हैं—

१०००	(I)
१०,०००	((I))
१००,०००	(((I)))
१०००,०००	((((I))))

सम्भव है कि आधुनिक अनन्ती चिह्न ∞ उपरिलिखित १००० के चिह्न से ही निकला हो। सबसे पुराना रोमन शिलालेख, जिसमें इन बड़ी संख्याओं का उल्लेख है, २६० ई० पू० का है।

यूकेटन में पुराने समय में एक सभ्यता विकसित हो चुकी थी, जिसका नाम माया सभ्यता था। इसकी संख्यांक-पद्धति में ५ को आधार माना गया था। उक्त पद्धति में एक का निरूपण बिन्दु (.) से और ५ का पड़ी लकीर (—) से किया जाता था। यहाँ कुछ संख्यांक दिये जाते हैं—

१	२	५	८	१०	१७
.	..	—	... over —	=	.. over ≡

बाद के समय में रोमन संख्यांकों में इस प्रकार की संख्याएँ भी आती हैं—

II.CXXII = २१२२

इस प्रकार की संख्याओं में अंकों का स्थितिमान भी दृष्टिगोचर होता है, यद्यपि उक्त स्थितिमान का प्रयोग आधुनिक नियमित ढंग से नहीं किया गया था।

चीनियों के पास तीन संख्या-पद्धतियाँ हैं : प्राचीन राष्ट्रीय पद्धति, आधुनिक राष्ट्रीय पद्धति और व्यापार-पद्धति। इन तीनों पद्धतियों के प्रथम तीन संख्यांक इस प्रकार हैं—

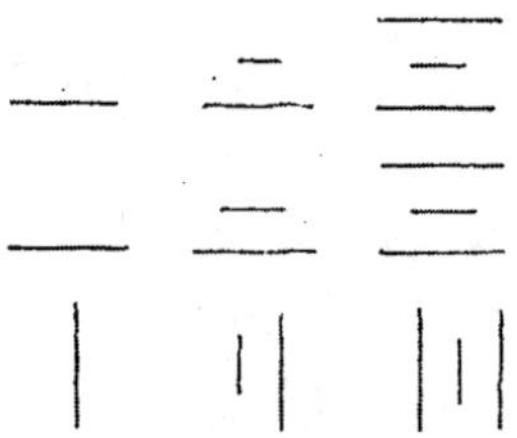

दूसरी पद्धति में शून्य के लिए वृत्त का प्रयोग होता है और उससे स्थितिमान का भी निरूपण किया जाता है। संख्या १० को ये लोग इस प्रकार लिखते हैं —o क्योंकि चीनी भाषा ऊपर से नीचे लिखी जाती है।

हमारे आधुनिक संख्यांकों के विषय में एक विवाद चल रहा है। कुछ लोग कहते हैं कि इनका आरंभ अरब से हुआ। इसी प्रकार कुछ इतिहासज्ञ मिस्त्रियों को और कुछ हिन्दुओं को इनका जन्मदाता बतलाते हैं। एक मत ईरान से भी इसका उदय होना

मानता है। यह स्वाभाविक है कि व्यापारियों के द्वारा ये संख्यांक एक देश से दूसरे देश में गये हों और इनके रूपों पर भी पारस्परिक सम्पर्क से प्रभाव पड़ा हो। यों तो उक्त चारों देशों में आधुनिक संख्यांकों में से कुछ का प्रयोग प्राचीन समय से किया जाता रहा है, किन्तु इन संख्यांकों में से सबसे अधिक का प्रयोग सर्वप्रथम भारत में ही मिलता है। तीसरी शताब्दी ई० पू० में अशोक के एक शिलालेख में अंक १, ४ और ६ प्रयुक्त हुए थे। चौथी शताब्दी के नाना घाट के एक शिलालेख में अंकों २, ४, ६, ७ और ९ का उल्लेख मिलता है। इसके अतिरिक्त नासिक की पहली और दूसरी शताब्दी की गुफ़ाओं में अंकों २, ३, ४, ५, ६, ७ और ९ का प्रयोग मिलता है। किन्तु इनमें से किसी भी शिलालेख से इस बात का प्रमाण नहीं मिलता कि हिन्दुओं को उतने पुराने समय में स्थितिमान का भी ज्ञान था। हिन्दू-साहित्य से यह संदेह तो होता है कि कदाचित् इन लोगों ने सन् ईस्वी से पूर्व ही शून्य का आविष्कार कर लिया था, किन्तु किसी शिलालेख में शून्य का स्पष्ट प्रयोग नवीं शताब्दी ईसवी से पूर्व का नहीं मिलता।

हिन्दू-संख्यांकों का बाह्य उल्लेख मैंसोपोटामिया के एक पादरी सिबोख्त (Sebo-kht) द्वारा मिलता है जो ६५० ई० का है। यतः वह नौ चिह्नों का उल्लेख करता है, अतः ऐसा प्रतीत होता है कि उसे शून्य का बोध नहीं था। आठवीं शताब्दी के अन्तिम दिनों में भारत की कुछ ज्यौतिषीय सारणियों का अनुवाद बग़दाद में अरबी भाषा में हुआ और इस प्रकार हिन्दू-संख्यांकों का आविर्भाव अरब में हुआ। सन् ८५५ ई० के लगभग अलख्वारिज्मी ने उक्त विषय पर एक पुस्तिका लिखी, जिसका बाथ के एडिलार्ड (Adelard) ने सन् ११२० में लॅटिन में अनुवाद किया। विद्वानों का यह अनुमान है कि उक्त अनुवाद से कई शताब्दी पूर्व ही हिन्दू-संख्यांक यूरोप में प्रवेश कर गये थे, किन्तु यूरोप की सबसे प्राचीन पाण्डुलिपि जिसमें उक्त अंकों का उल्लेख है स्पेन में पायी गयी है, जो सन् ९७६ की बतायी जाती है। उक्त पाण्डुलिपि में संख्यांक इस प्रकार के थे—

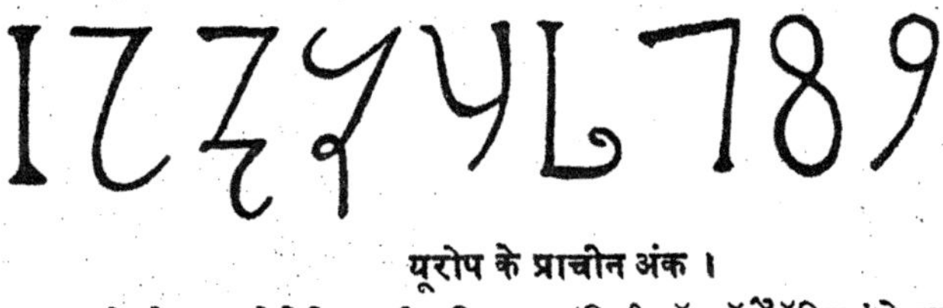

यूरोप के प्राचीन अंक।

[जिन एण्ड कम्पनी की अनुज्ञा से डेविड यूजीन स्मिथ कृत 'हिस्ट्री ऑफ़ मॅथॅमॅटिक्स' से प्रत्युत्पादित।]

इस प्रकार भारतीय संख्यांक देश-विदेश में घूमते हुए और विकृत होते हुए अपने आधुनिक रूप में आ गये।